17년 차 노무사들이 알려주는
중소기업을 위한
직장 내 괴롭힘 대응 솔루션

17년 차 노무사들이 알려주는

중소기업을 위한

직장 내 괴롭힘
대응 솔루션

1단계 : 신고

2단계 : 상담

3단계 : 조사

4단계 : 사후조치

접수

상담

조사

확인
조치

모니
터링

문소연, 이하나, 한선희 지음

두드림미디어

이 책의 저자들(문소연, 이하나, 한선희)은 2007년 공인노무사 시험에 합격한 17년 차 공인노무사들로, 그간 사기업과 공공기관 등 다수 기관에서 인사담당자로 근무하며 인사 실무를 경험했다. 특히, 2019년 7월에 직장 내 괴롭힘을 금지하는 근로기준법 시행 이후, 직장 내 괴롭힘 관련 수많은 자문, 조사, 사건 대리, 교육 등의 업무를 진행해왔다.

다수 사업장의 직장 내 괴롭힘 사건을 경험해보니, 공공기관이나 대기업의 경우는 인사부서 또는 감사부서에서 직장 내 괴롭힘 업무를 전담할 직원을 배치할 뿐만 아니라 관련 규정, 사건처리 매뉴얼까지 마련해둔 곳이 많아, 사건 발생 시 처리 방법을 잘 정리해둔 경우가 대부분이었다.

그러나 중소기업의 대표님이나 인사담당자는 직장 내 괴롭힘 신고를 받게 되면 무엇부터 해야 할지 감을 잡지 못하고 우왕좌왕하던가, 신고가 접수되었음에도 법 준수에 대한 인식이 부족해서 사건을 방치하는 경우를 자주 목격하게 되었다.

이에 사업장에서 직장 내 괴롭힘 신고가 접수되었을 때, 실무 관점에서 어떻게 대응해야 할지 쉽게 안내하기 위해서 이 책을 집필했다. 직장 내 괴롭힘에 대한 기본 내용은 고용노동부에서 발간한 《직장 내 괴롭힘 예방·대응 매뉴얼(2023, 4)》을 기반으로 작성되었음을 알려드린다.

이 책은 다음과 같은 특징이 있다.

첫째, 직장 내 괴롭힘 사건 발생 시 전반적인 대응방법을 안내한다.

이 책은 직장 내 괴롭힘 조사를 위해 총 4단계로 구성되었다. 1단계는 직장 내 괴롭힘이 발생했을 때 신고 방법 등 신고 단계에 대해 다루었다. 2단계는 신고 사건에 대한 상담 진행 시 방법, 유의사항, 피해자 보호조치 등에 대한 내용이다. 3단계는 조사위원회 구성, 조사 진행 방법, 판단기준 등에 대해 다루었다. 4단계는 직장 내 괴롭힘 사건 이후 사후조치 방법에 대해 소개했다.

· 1단계 : 신고
· 2단계 : 상담
· 3단계 : 조사
· 4단계 : 사후조치

둘째, 스토리 기반의 구성으로 이해도를 높혔다.

직장 내 괴롭힘 분야는 일반인에게 아직 생소하고 어려운 분야이기 때문에 이해도를 높이기 위해 가상 인물을 설정해 가상 상황에 대한 스토리로 구성했다. 매 챕터의 도입부에 등장인물 간 대화를 통해 핵심 내용을 보다 쉽게 전달했다.

셋째, 실제 사건 발생 시 인사담당자가 실무적으로 바로 적용할 수 있도록 했다.

이 책은 사건 발생 시 무엇부터 해야 할지 막막해하는 인사담당자에게 도움이 될 수 있다. 직장 내 괴롭힘 사건 발생 시부터 사건에 대한 간단한 업무일지 예시를 제시하면서 업무일지만 보고도 무엇을 해야 하는지 알 수 있도록 했다.

넷째, 원 포인트를 제시해 반드시 숙지할 사항을 강조했다.

각 장의 마지막 부분에서는 '원 포인트'를 제시해 핵심 내용을 정리하고 강조했다. 바쁜 인사담당자에게는 유용한 포인트가 될 수 있다.

이 책의 출간을 위해 애써주신 ㈜두드림미디어 한성주 대표님과 편집팀, 완성도를 높일 수 있도록 조언을 해주신 김미현 노무사님께 깊은 감사의 말을 전한다.

마지막으로 항상 곁에서 응원해주고 믿어주는 가족들에게도 감사한 마음이다.

이 책이 직장 내 괴롭힘으로 고민하고 계시는 모든 분에게 도움이 되길 희망한다.

공인노무사 **문소연, 이하나, 한선희**

이신고 영업팀 대리, 32세(남) | 얼마 전 딸이 태어나 육아에 바쁜데, 팀장은 매일 저녁 회식을 강요해서 골치가 아프다.

 박무식 영업팀장, 44세(남) | 집이 멀어 회사 근처에서 자취를 한다. 집에 가봤자 할 일도 없고, 직원들과 저녁을 먹으며 인생선배로서 이런저런 조언을 해주는 게 낙(?)이다.

 오중립 영업팀 과장, 36세(남) | 본인의 업무에 충실하며 다른 사람에게는 관심이 없으나, 가끔 본인이 옳다고 생각하는 부분은 주변인에게 조언도 하는 편이다.

 김현명 인사팀 차장, 38세(여) | 얼마 전 차장으로 승진하며 인사팀으로 배치되었다. 잘 하고자 하는 의욕이 불타오르는 중이다.

 한성실 인사팀 과장, 36세(남) | 회사 내 고충처리 업무 담당자다.

 유인사 인사팀장, 46세(여) | 입사 후 줄곧 인사업무를 해와 전문지식은 물론 부드러운 카리스마까지 갖춘 인사통으로 직원들이 같이 일하고 싶어 하는 상사 1순위다.

 왕꼼꼼 감사팀장, 50세(남) | 재무회계 업무를 오래 하다가 감사팀 업무를 맡은 지는 1년이 채 안 되었지만, 특유의 꼼꼼한 성격과 예리한 분석력으로 업무를 잘 수행하고 있다.

 이하나 노무사 | 탄탄산업의 자문노무사. 풍부한 실무경험과 전문 지식을 바탕으로 다양한 기업의 인사노무 자문을 담당하며 기업에 실질적으로 도움이 되는 자문을 수행하고 있다.

 문소연 노무사 | 직장 내 괴롭힘 사건의 심의위원. 다수 기관의 인사위원회 위원 및 고충처리 심의위원으로 활동하며 수많은 직장 내 괴롭힘 사건에 대해 명확하고 예리하게 판단한다.

 한선희 노무사 | 직장 내 괴롭힘 사건의 조사위원. 여러 사기업 및 공공기관의 직장 내 괴롭힘 사건 조사 수행 시, 전문 지식을 바탕으로 직장 내 괴롭힘 사건을 객관적 입장에서 조사하고 공정한 결과를 도출한다.

 김근로 | 탄탄산업의 노사협의회 근로자 위원. 이 사건의 조사위원으로 참석한다.

※ 탄탄산업 : 제조업, 근로자 약 50명 규모

C O N T E N T S

4단계 : 사후조치

1단계 : 신고

01
직장 내 괴롭힘이
발생했다!

"야! 너는 머리가 있는 거냐, 없는 거냐? 뇌의 어디가 고장 났어?"

출근하자마자 쏟아지는 박무식 팀장의 호통에 이신고 대리는 눈앞이 깜깜해졌다. 지난가을, 딸이 태어난 이후 팀 저녁 식사 자리에 참석하지 못하는 날이 많아지면서 박무식 팀장의 질책은 점점 심해졌다. 박무식 팀장은 집이 멀어 회사 앞에서 자취하는데, 매일 저녁 팀원들이 돌아가면서 저녁 식사를 같이해야 했다.

시간이 지나면 상황이 괜찮아지려나 싶었는데, 발언의 수위는 점점 심해졌다. 어제도 6시가 되어 떨리는 마음으로 팀장님께 퇴근하겠다고 인사를 하고 뒤돌아 나오는데, "어휴! 저 미친 것"이라는 말이 뒤통수에 꽂혔다. 이신고 대리는 자존심이 상했지만, 자신의 퇴근만 기다리는 아내와 딸아이를 생각하며 못 들은 척 사무실을 나설 수밖에 없었다.

15

이신고 대리는 다음 날 출근해서 팀장님에게 인사를 했으나 팀장님은 대꾸도 하지 않고 눈길조차 주지 않았다. 무안한 상태로 자리에 앉아 있는데 오중립 과장이 잠깐 커피를 한잔하자며 옥상으로 불렀다. 오중립 과장은 "요즘 많이 힘들겠다. 옆에서 들어보면 팀장님이 좀 심하시긴 한 것 같더라. 그래도 뭐 어쩌겠어, 직장 생활이 다 그런 거지. 이대리 기운 내!"라고 말했다.

점심시간 후 박무식 팀장은 이신고 대리를 회의실로 불렀고, 이신고 대리는 핸드폰 녹음기를 켜고 회의실로 들어갔다.

"야! 너는 일이 없어서 매번 일찍 가는 거지? 앞으로 30분 단위로 업무일지 써서 퇴근 전에 보고해. 하는 일 없이 앉아 있는 거면 일을 그만둬야지."

이신고 대리는 자존심이 상했지만, 일주일간 30분 단위 업무일지를 써서 제출했다. 박무식 팀장은 업무일지를 받자마자 "너는 딱히 하는 일이 없네? 대리 연봉 값을 못 하네"라고 빈정대며 업무일지를 찢어버렸고, 자리에 앉아 있던 팀원들은 놀란 눈으로 쳐다봤다.

이신고 대리는 더 이상 참을 수 없었다. 자리에 앉아 사내 메신저로 한성실 과장에게 말을 걸었다.

02
직장 내 괴롭힘은
어디에 신고할 수 있을까?

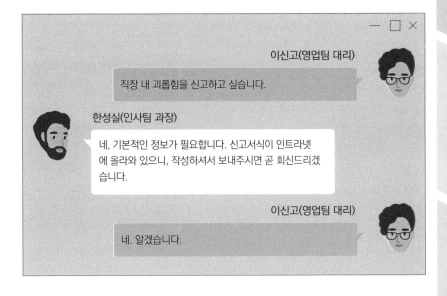

인사팀 한성실 과장은 고충처리위원이면서 직장 내 괴롭힘 신고 담당자로 지정되어 있다. 신문기사를 보면 다른 회사들은 직장 내 괴롭힘 신고가 많던데, 본인 회사는 아직 신고가 이뤄지지 않아 내심 안도하는 중이었다. 그런데 어느 날 영업팀 이신고 대리에게 직장 내 괴롭힘을 신고한다는 사내 메신저 메시지와 이메일을 받았다.

한성실 과장은 직장 내 괴롭힘 신고를 처음으로 받아서, 무엇부터 해야 하는지 막막하고 갑자기 머리가 멍해짐을 느꼈다.

인사팀의 업무일지

일자	내용
2023.7.3.월 (D+1)	– 사내 이메일로 직장 내 괴롭힘 신고 내용 확인 (신고자 : 이신고 대리)

직장 내 괴롭힘 신고서

신고자/ 피해자	부서	영업팀	연락처	010-0000-0000
	이름	이신고	메일	
	연락 가능 시간	13:00 이후		

행위자	부서	영업팀	직책	팀장
	이름	박무식	연락처	02-0000-0000

내용	일시	2023. 6. (□1회, ☑다수)		
	장소	영업팀 사무실 안		
	행위	구분	해당 여부	입증자료
		폭언(욕설, 비난)		녹음 파일
		폭행·협박		
		모욕·소문 유포		
		개인용무 지시		
		따돌림, 업무배제		
		부당한 업무지시	V	
	목격자	오중립 과장 등 사무실 직원		

※ 구체적으로 행위 사실 기술

202X년 X월 박무식 팀장이 영업팀에 온 날부터 매일 퇴근 후 저녁 식사를 함께하도록 강요했습니다. 박무식 팀장은 자신의 집이 멀다는 이유로 현재 회사 근처에서 자취하고 있습니다. 따라서 직원들은 거의 매일 저녁 식사를 같이 해줘야 했습니다. 이마저도 매번 술자리로 이어지는 바람에 제가 지난해 가을, 딸이 태어난 이후로 저녁 식사를 하지 않고 집에 가자 그때부터 박무식 팀장은 저에게 폭언을 하기 시작했습니다.

제가 퇴근하는 이유가 일이 없어서라며 저에게만 업무일지를 작성하도록 지시했고, 업무일지를 제출하자 하는 일이 없고, 연봉 값을 못 한다며 폭언을 했습니다.

이러한 부당한 업무 지시와 폭언으로 저는 매일 출근 전마다 가슴이 뛰고, 스트레스로 밤에 잠을 이루지 못해 불면증약을 복용하고 있습니다.

취업규칙 / 근로기준법에 따라 위와 같이 신고합니다.

년   월   일

신고자 이신고(서명 또는 인)

📑 깊이 알아보기 신고 방법

직장 내 괴롭힘이 발생했을 때 직원은 크게 2가지 신고처를 고려할 수 있다. 하나는 회사 내부의 담당자나 담당 부서에 신고하는 것, 다른 하나는 고용노동부 등 외부 기관에 신고하는 것이다.

내부 신고

신고하려는 직원 입장에서 어느 방법이 좋겠냐고 묻는다면 사례에 따라 달리 답할 수 있겠지만, 회사나 담당자 입장에서 묻는다면 내부 신고라고 말할 수 있다. 직원이 회사의 처리절차에 신뢰를 갖고 있다고 볼 수 있기 때문이다. 그렇다면 내부 신고를 활성화할 수 있는 방법은 무엇일까?

1. 다양한 신고창구를 마련하자

회사에서는 직원들이 가능하면 내부 신고를 할 수 있도록 창구를 다양하게 보장하는 것이 좋다. 이메일, 우편, 메신저, 오픈채팅방이나 게시판을 운영하고, 퇴직자를 상대로 인터뷰하는 등 다방면으로 직장 내 괴롭힘이 발생하지 않는지 관심을 기울여야 한다.

2. 신고에 대한 비밀보장은 필수다

신고하더라도 비밀이 보장되고, 불이익이 없다는 확신이 있어야 직원들은 회사에서 문제를 해결하려고 할 것이다. 실제로 근로기준법에서는 직장 내 괴롭힘 사건의 조사과정에 참여한 모든 사람에 대해 비밀유지 의무를 부여하고, 직장 내 괴롭힘을 신고한 사람에게는 불이익을 주지 않도록 정하고 있다. 따라서 회사는 신고창구를 다양화하는 것과 동시에 신고자나 피해자에게 불이익을 주지 않고 비밀을 보장한다는 것을 적극적으로 홍보해야 한다.

3. 신고 담당을 확실히 지정하자

취업규칙에는 직장 내 괴롭힘 담당자를 지정한다고 되어 있으나, 실질적으로 누가 담당하는지 알 수 없는 경우가 있다. 전담부서를 별도로 두지는 못하더라도 직장 내 괴롭힘 신고 담당자를 명확히 지정해서 알려야 한다. 또한 사업주는 담당자가 관련 지식과 경험을 쌓도록 지원해줄 필요가 있다.

4. 신고하지 않더라도 사건을 접수할 수 있다

소문, SNS, 익명게시판 등을 통해 담당자가 직장 내 괴롭힘 발생 사실을 인지한 경우에도 신고한 것과 마찬가지로 조사를 실시해야 한다. 인지한 사건을 바로 조사하지 않으면 근로기준법에 따라 500만 원 이하의 과태료가 부과되기 때문이다.

출처 : 저자 작성

근로기준법

제76조의 3(직장 내 괴롭힘 발생 시 조치)

② 사용자는 제1항에 따른 신고를 접수하거나 직장 내 괴롭힘 발생 사실을 인지한 경우에는 지체 없이 당사자 등을 대상으로 그 사실 확인을 위하여 객관적으로 조사를 실시하여야 한다.

※ 근로기준법상 직장 내 괴롭힘 금지에 관한 조항은 상시근로자 5인 이상 사업장에 적용됨.

5. 고충 처리와 직장 내 괴롭힘

'근로자참여 및 협력증진에 관한 법률'에 따라 상시 근로자 30인 이상 사업장의 경우 고충처리위원을 두도록 하고 있다. 기존에 노사협의회의 고충처리 담당자나 직장 내 성희롱 업무를 담당하는 부서가 있다면 일원화해서 처리하는 것도 가능하다.

외부 신고(고용노동부 신고)

직원이 문제를 제기할 수 있는 외부 기관은 크게 4곳이다. 직장 내 괴롭힘으로 정신·신체적 피해를 봤다면 법원에 손해에 대한 배상을 청구하는 소송을 제기할 수 있으며, 괴롭힘의 정도가 폭행, 협박, 명예훼손 등 범죄에 이르는 경우에는 경찰에 신고해서 행위자 처벌을 요구할 수 있다. 국가나 학교 등에서 직장 내 괴롭힘이 발생한 경우라면 국가인권위원회에 구제를 신청할 수도 있다. 그러나 법원에 소송을 제기하는 경우 많은 시간과 비용이 소요되고, 상대방의 고의·과실을 입증해야 하는 어려움이 있다. 경찰이나 검찰에 신고하려면 상대방의 행위가 범죄로서의 구성요건을 모두 충족해야 하고, 국가인권위원회는 국가나 학교 등에서 이루어지는 인권침해로만 조사 대상이 제한된다는 한계가 있다.

외부 처리기관별 조치사항

구분	법원	경찰/검찰	인권위원회	고용노동부
요청사항	손해배상	행위자 처벌	인권침해/차별 구제	괴롭힘 인정
한계	고의·과실 입증의 어려움	범죄로서의 구성요건 충족	국가, 학교 등 조사 대상 제한	회사 자체해결 원칙

출처 : 저자 작성

고용노동부도 사안에 따라 직접 조사를 진행하기보다는 회사에서 자체적으로 조사하도록 지도한다는 점에서 한계가 있을 수 있다. 그래도 많은 직장인은 직장 내 괴롭힘 신고처로 제일 먼저 고용노동부를 떠올린다. 실제로 직장 내 괴롭힘 신고사건은 법 시행 이후 매년 가파르게 늘고 있다(고용노동부, 직장 내 괴롭힘 금지제도 시행 3년간 신고사건 처리결과, 2022).

직장 내 괴롭힘 신고사건 접수현황   단위 : 명

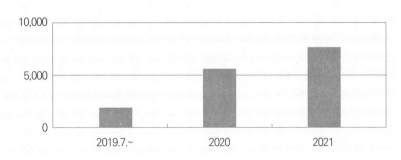

출처 : 고용노동부

이에 고용노동부는 직장 내 괴롭힘 사건의 경우 관련 경력이 있거나 선임인 근로감독관을 전담 근로감독관으로 지정해서 처리하도록 하고 있다. 괴롭힘 행위자가 사업자이거나 그 배우자의 4촌 이내 혈족·인척인 경우, 직원이 사업장 자체 조사·조치 결과에 불만족을 이유로 신고했는데 조사·조치 등이 명백히 불합리한 경우에는 근로감독관이 직접 조사해서 직장 내 괴롭힘 여부 등을 신속히 판단한다. 그러나 회사에 신고하지 않고 곧바로 고용노동부에 신고한 경우나 회사에 신고했으나 회사에서 조사·조치를 하지 않는 경우에는 회사에 직장 내 괴롭힘 신고 접수 사실을 알리고 조사·조치를 실시하도록 공문을 발송한다.

노동부에 직장 내 괴롭힘 사건이 접수된 경우 처리 방향

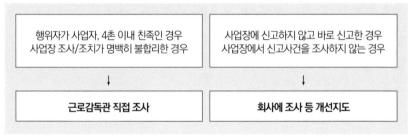

출처 : 저자 작성

직장 내 괴롭힘은 사업장 내에서 자율적으로 예방, 대응하고 조치하는 것이 원칙이기 때문에 특별한 경우를 제외하고는 회사가 1차적인 조사담당자가 되어 조사를 시행하도록 하는 것이다. 따라서 근로감독관의 개선지도에도 불구하고 회사가 조사를 시행하지 않거나 조사를 통해 괴롭힘이 인정되었음에도 행위자 및 피해자에 대해 조치하지 않는 경우에는 과태료가 부과될 수 있다.

참고로, 직장 내 괴롭힘 사건이 접수되면 고용노동부에서는 모든 사업장에 대해 직장 내 괴롭힘 예방·대응 체계를 갖추었는지 점검한다. 직장 내 괴롭힘 예방 및 발생 시 조치 등에 관한 사항은 취업규칙 필수기재 사항으로, 취업규칙에 다음 사항을 반영해 개정하고 신고해야 한다. 필수기재 내용이 규정에 반영되어 있지 않으면 500만 원 이하의 과태료가 부과될 수 있으니 주의해야 한다.

직장 내 괴롭힘 관련 취업규칙 심사항목

구분	심사항목
1. 직장 내 괴롭힘의 금지	정의 및 금지 규정 여부 구체적 행위유형 규정 여부 예방을 위한 구체적 활동 규정 여부 발생 시 사용자 조치사항 규정 여부
2. 징계	직장 내 괴롭힘 징계 사유 명시 여부

출처 : 고용노동부, 직장 내 괴롭힘 신고사건 처리지침

관련 법령

근로기준법

제93조(취업규칙의 작성·신고) 상시 10명 이상의 근로자를 사용하는 사용자는 다음 각 호의 사항에 관한 취업규칙을 작성하여 고용노동부 장관에게 신고하여야 한다. 이를 변경하는 경우에도 또한 같다.

11. 직장 내 괴롭힘의 예방 및 발생 시 조치 등에 관한 사항

(위반 시 500만 원 이하 과태료)

| 상시근로자 5인 이상 사업장 |

근로기준법상 직장 내 괴롭힘 금지에 관한 조항은 상시근로자 5인 이상 사업장 적용

| 사내 신고 |

☑ 직장 내 괴롭힘 신고 가능한 다양한 창구 마련 필요(이메일, 우편, 전화, 익명게시판, 오픈채팅 등)

☑ 불이익이 없다는 확신 부여는 필수

| 외부 신고 |

☑ 고용노동부나 법원, 경찰서, 국가인권위원회 등에 신고 가능

☑ 고용노동부에서는 접수된 사건의 성격에 따라 달리 대응

   – 행위자가 사업주거나 회사의 조사조치가 명백히 불합리한 경우 → 근로감독관 직접 조사

   – 사업장에서 조사를 실시하지 않은 경우 → 조사해서 보고하도록 공문 발송

☑ 직장 내 괴롭힘 예방 및 발생 시 조치 등에 관한 사항은 취업규칙 필수기재 사항

03
직장 내 괴롭힘은
누구나 신고할 수 있을까?

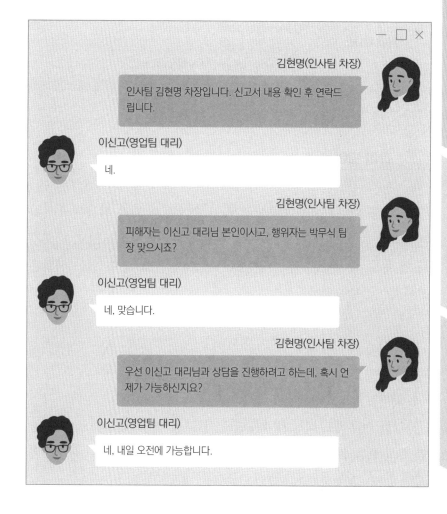

인사팀 김현명 차장은 이메일로 접수된 직장 내 괴롭힘 신고서를 출력해서 읽어봤다.

이에 김현명 차장은 일단 신고자와 피신고자 모두 재직자이므로, 신고 대상에 해당된다고 판단했다.

인사팀의 업무일지

일자	내용
2023.7.3.월 (D+1)	– 사내 이메일로 직장 내 괴롭힘 신고 내용 확인 (신고자 : 이신고 대리)
	– 신고자와 피신고자가 신고 대상자에 해당하는지 확인 – 인사팀장에게 해당 신고 건에 대한 구두 보고 – 인사팀장은 신고 내용에 대해 대표이사 보고

📖 깊이 알아보기 신고자와 신고 대상자

'직장 내' 괴롭힘이라는 용어에서 알 수 있듯이 같은 회사에서 일하는 모두는 서로에게 직장 내 괴롭힘의 행위자가 될 수도 있고, 피해자가 될 수도 있다. 그렇다면 직장 내 괴롭힘을 신고할 수 있는 사람은 구체적으로 누구일까?

신고자

1. 퇴직한 사람도 신고할 수 있다

퇴직한 이후에도 직장 내 괴롭힘을 신고할 수 있다. 실제로 재직 중엔 혹시 모를 불이익이 두려워 용기를 내지 못하다가 퇴직 후에 남아 있는 동료들을 생각해서 문제를 제기하는 경우가 더러 있다. 따라서 퇴직자가 직장 내 괴롭힘을 신고했더라도 회사는 내부 규정에서 정한 절차에 따라 관련 조사를 실시하고 행위자에 대한 조치를 취해야 한다.

반대로 행위자가 퇴직한 경우에도 직장 내 괴롭힘에 대한 조사가 필요할까? 직장 내 괴롭힘으로 인한 정신질환은 산업재해로 인정된다. 따라서 행위자가 퇴직한 이후에도 피해자가 이러한 어려움을 겪고 있다면 산업재해 보상을 위해 직장 내 괴롭힘에 대한 조사를 요청하는 사례가 있을 수 있다.

2. 파견직원도 신고할 수 있다

파견직원은 파견회사 소속으로 우리 회사에서 근로를 제공하는 직원을 말한다. 이런 특수성 때문에 '파견근로자보호법'에서는 파견회사는 물론 파견을 받는 회사(사용사업주)도 '근로기준법'상 사용자로 보도록 명시하고 있다. 또한 파견직원이 고충을 제기한 경우에는 그 고충 내용을 파견회사에 통지하고 신속하고 적절하게 고충을 처리하도록 하고 있다. 따라서 우리 회사에서 근로를 제공하다가 파견직원이 괴롭힘을 겪은 경우에는 파견회사에 이러한 사실을 알리고 우리 회사의 예방·대응 체계에 따라 조사 후 조치를 실시해야 한다.

관련 법령 🗨

파견근로자보호 등에 관한 법률

제31조(적정한 파견근로의 확보) ① 사용사업주는 파견근로자가 파견근로에 관한 고충을 제시한 경우에는 그 고충의 내용을 파견사업주에게 통지하고 신속하고 적절하게 고충을 처리하도록 하여야 한다.

② 제1항에 따른 고충의 처리 외에 사용사업주는 파견근로가 적정하게 이루어지도록 필요한 조치를 마련하여야 한다.

제34조(근로기준법의 적용에 관한 특례) ① 파견 중인 근로자의 파견근로에 관하여는 파견사업주 및 사용사업주는 근로기준법 제2조 제1항 제2호의 사용자로 보아 같은 법을 적용한다.

파견근로자가 행위자인 경우에는 어떻게 할까? 징계에 관한 권한은 파견회사에 있으므로 피해 사실을 파견회사에 알린다. 근무지 전환과 함께 직장 내 괴롭힘 조사 및 징계 조치를 취할 것을 요구할 수 있다.

3. 취업규칙에 따라 협력업체 직원도 신고할 수 있다

우리 회사와 용역, 도급 관계에 있는 협력업체 소속 근로자에 대한 괴롭힘 행위는 근로기준법상 '직장 내' 괴롭힘에는 해당하지 않는다. 따라서 이런 상황이 발생하면 피해자와 분리할 수 있도록 괴롭힘 행위를 한 우리 회사 직원의 근무 장소를 변경한다. 또한 하청업체의 조사에 적극적으로 협조해야 할 것이다.

괴롭힘은 권력 관계에서 발생하기 때문에 우리 회사 소속 근로자가 우위를 이용해서 협력업체 직원을 괴롭히는 경우가 발생할 여지가 있다. 이에 따라 일부 회사에서는 취업규칙에 거래처, 협력업체 직원에 대해서도 직장 내 괴롭힘을 하지 않도록 규정하고 있다. 이러한 규정이 있는 경우에는 거래처, 협력업체와 공동조사를 실시하고 행위자에 대해 징계 등의 조치를 취할 수 있다.

4. 익명으로도 신고할 수 있다

회사는 익명으로 들어온 신고도 조사를 해야 할까? 행위자나 피해자를 특정할 수 있다면 그렇게 해야 한다. 실제로 직장인 익명 커뮤니티 앱에 '저희 남편 좀 살려주세요'라는 제목의 게시글을 올린 아내가 있었다. 남편은 우리나라에서 손꼽는 대형 은행에 다니는데, 직장 상사의 현금 갈취, 폭행, 폭언 등 괴롭힘이 도를 넘어섰다는 내용이었다. 아내는 그 상사가 집과 관련된 부서에서 일하고 우리나라에서 가장 많은 성을 가진 사람이라고 밝혔다. 이를 바탕으로 해당 은행은 직장 내 괴롭힘 조사에 착수했다. 이처럼 익명 신고라 하더라도 행위자를 특정할 수 있다면 조사를 해야 한다.

신고 대상자

직장 내 괴롭힘의 신고 대상은 누가 될 수 있을까? 앞에서 말했듯 같은 직장에 다니는 모든 근로자는 서로에게 직장 내 괴롭힘 행위자가 될 수 있지만, 사용자도 직장 내 괴롭힘 행위자가 될 수 있다.

1. 사용자는 누구일까?

근로기준법에서 사용자란 ① 사업주, ② 사업경영담당자, ③ 근로자에 관한 사항에 대해 사업주를 위해서 행위를 하는 자를 말한다. 자세한 내용은 다음과 같다.

구분	뜻	예시
사업주	사업을 운영하는 주체	개인사업주 법인 그 자체
사업경영담당자	사업주로부터 경영의 전부/일부를 위임받아 사업을 대표/대리하는 사람	대표이사, 등기이사, 지배인 등
사업주를 위해 행위를 하는 자	근로조건, 인사에 관한 결정권을 갖고 업무를 지휘·감독하는 사람	인사노무 담당이사, 공장장 등

출처 : 고용노동부

2. 무거운 과태료가 부과되는 경우는 어떤 경우일까?

사용자는 근로자들에게 직장 내 괴롭힘 행위를 금지하고, 괴롭힘 행위를 한 직원을 징계하는 역할을 담당하기에 사용자가 행위자인 경우에는 더 엄격하게 책임을 묻는다. 실제로 근로기준법에서는 사용자와 그 가까운 친인척이 직장 내 괴롭힘을 한 경우에는 일반적인 과태료 기준보다 높은 1,000만 원 이하의 과태료를 부과하고 있다.

직장 내 괴롭힘 행하는 경우 1,000만 원 이하 과태료 부과되는 자

① 사용자

② 사용자의 배우자

③ 사용자의 4촌 이내 혈족(혈연으로 맺어진 사람)

④ 사용자의 4촌 이내 인척(혼인에 의해 맺어진 사람)

출처 : 근로기준법 및 시행령

3. 파견근로자 사용 사업주도 조심해야 한다

파견근로자에 대해서는 사용 사업주도 근로기준법상 사용자 책임을 지므로 파견근로자에 대해 직장 내 괴롭힘 행위자로 인정될 수 있다.

원 포인트 One Point

☑ 직장 내 괴롭힘 신고는 누구나 할 수 있으며, 피해자는 같은 소속 근로자는 물론 파견직원도 가능

☑ 퇴직 후 또는 익명으로도 신고 가능

☑ 행위자는 사용 사업주를 포함한 사용자를 포함해서 모든 근로자가 될 수 있음.

☑ 사용자와 배우자, 가까운 친인척이 행위자인 경우는 과태료 중과

2단계 : 상담

04
상담은
어떻게 이루어질까?

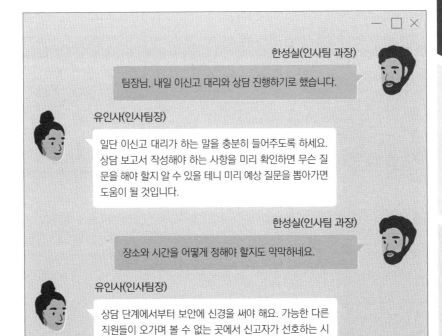

─ □ ✕

한성실(인사팀 과장)

팀장님, 내일 이신고 대리와 상담 진행하기로 했습니다.

유인사(인사팀장)

일단 이신고 대리가 하는 말을 충분히 들어주도록 하세요. 상담 보고서 작성해야 하는 사항을 미리 확인하면 무슨 질문을 해야 할지 알 수 있을 테니 미리 예상 질문을 뽑아가면 도움이 될 것입니다.

한성실(인사팀 과장)

장소와 시간을 어떻게 정해야 할지도 막막하네요.

유인사(인사팀장)

상담 단계에서부터 보안에 신경을 써야 해요. 가능한 다른 직원들이 오가며 볼 수 없는 곳에서 신고자가 선호하는 시간에 진행하도록 합시다.

인사팀 한성실 과장은 처음으로 상담을 진행하게 되어 너무 긴장되기도 하고, 상담 장소는 어디가 적당할지도 모르겠고 무슨 내용으로 상담해야 할지도 막막한 상태다.

기존에 성희롱 사건 조사 경험이 있던 유인사 인사팀장의 조언에 따라 한성실 과장은 일반 회의실이 아닌 사내 상담실에서, 이신고 대리가 편한 시간에 만나 상담을 진행했다. 우선 이신고 대리를 만나 충분히 이야기를 듣고, 희망하는 해결방안 및 피해 보호 조치에 대해 질문을 하고 상담을 마무리했다.

인사팀의 업무일지

일자	내용
2023.7.3.월 (D+1)	– 사내 이메일로 직장 내 괴롭힘 신고 내용 확인 　(신고자 : 이신고 대리)
	– 신고자와 피신고자가 신고 대상자에 해당하는지 확인 – 인사팀장에게 해당 신고 건에 대한 구두 보고 – 인사팀장은 신고 내용에 대해 대표이사 보고
2023.7.4.화 (D+2)	– 상담일지 작성 – 상담보고서 작성 후, 인사팀장 및 대표이사 보고 – 본인, 인사팀장, 대표이사에 대한 비밀유지서약서 징구

🔲 깊이 알아보기 상담

상담 순서

상담에도 순서가 있다. 일반적으로 피해자가 직접 신고한 경우에는 바로 피해자를 상담하지만, 목격자 등 제3자가 신고한 경우는 제3자에 대한 상담을 먼저 진행해서 사건을 대략 파악한 후에 피해자 상담을 진행하는 것이 바람직하다.

상담 순서

상담에서 이루어지는 것

상담의 목적은 1. 피해 상황을 파악하고, 2. 피해를 주장하는 직원의 요구사항을 청취하여 사건의 처리 방향을 결정하고, 3. 이후의 절차 및 회사에서 해줄 수 있는 조치를 설명하는 것이다.

1. 피해 상황 파악

직장 내 괴롭힘 신고서를 바탕으로 이해할 수 없는 부분이 있다면 질문하고 확인한다. 이를 통해 행위자의 인적사항과 행위자와의 관계, 어떤 피해를 당했는지, 증거가 있는지를 파악한다. 피해를 주장하는 근로자가 정식 조사를 희망하는 경우는 상담 단계에서 파악한 사건의 개요를 바탕으로 조사 계획을 세우게 된다. 그러므로 상담 단계에서 다음 사항은 반드시 확인해야 한다.

상담에서 확인할 내용

① 신고자·피해자, 행위자 인적사항 및 당사자 간 관계
② 신고자 또는 피해자 진술에 따른 직장 내 괴롭힘 피해 상황
③ 괴롭힘 해결 과정에서 우려되는 상황
④ 직접증거 및 정황증거에 관한 정보(목격자, 이메일, 녹음, 메신저 대화 내용, 일기, 치료기록 등)

출처 : 저자 작성

2. 요구사항 확인

상담을 통해 피해를 주장하는 직원이 원하는 것이 무엇인지 파악하는 것이 가장 중요하다. 요구가 무엇이냐에 따라 회사의 대응이 달라지기 때문이다. 따라서 조사하듯이 피해를 주장하는 근로자를 대해서는 안 되고, 하고 싶은 이야기를 모두 할 수 있도록 충분한 시간을 들여 귀를 기울여야 한다. 일반적으로 피해를 주장하는 근로자는, 사건을 공개하지 않고 행위자와 분리되기만을 원하거나, 행위자의 사과 재

피해자 요구사항

A 비공개, 분리조치	B 당사자 간 합의 – 행위자 사과, 재발 방지 약속 등	C 정식 조사 후 조치

출처 : 고용노동부 매뉴얼에 기반, 저자 재구성

발 방지 약속 등 당사자 간 합의를 원하거나, 정식 조사를 통해 행위자에 징계 등 조치를 취해달라고 요구할 수 있다.

3. 관련 절차 및 가능한 조치 설명

상담의 또 다른 목적은 직장 내 괴롭힘 사건 해결을 위해 마련된 회사의 제도와 절차에 대한 정보를 제공하는 것이다. 이를 통해 피해자가 자신의 상황에서 만족할 수 있는 해결방식을 선택하도록 도울 수 있기 때문이다. 또한 상담자는 접수된 직장 내 괴롭힘 사건이 원칙에 따라 신속하고 공정하게 처리될 것임을 재확인해서 피해자의 불안을 낮춰줄 필요가 있다. 나아가 피해자가 심한 불안과 스트레스를 받는 경우라면 심리상담을 고려할 수도 있다. 300인 미만 기업은 근로복지공단에서 운영하는 근로자지원프로그램(EAP)을 통해 무료로 피해를 주장하는 근로자에게 전문가의 심리상담 및 코칭을 받도록 도울 수 있다.

근로복지공단 근로자지원프로그램(EAP : Employee Assistance Program)

> 근로자의 직무 스트레스 등 해결을 위해 근로복지넷(www.workdream.net)에서 EAP 서비스를 제공하고 있다.
>
> – 대상 : 상시 근로자 수 300인 미만 중소기업과 소속 근로자
> – 이용방법 : 근로복지넷 회원가입 후 상담 신청하면 온·오프라인 상담 가능
> – 온라인 상담 : 게시판, 모바일, 전화 상담으로 구성
> – 오프라인 상담 : 1:1대면, 기업상담(개별 및 집단), 스트레스 힐링 프로그램 등 실시

출처 : 근로복지공단 홈페이지 참조, 저자 작성

상담할 때 주의할 것

상담 단계에서 주의해야 할 사항은 접수 후 신속하게 상담해야 하고, 보안 유지를 위해 노력해야 한다는 점이다.

1. 지체 없는 상담 실시

근로기준법에서는 직장 내 괴롭힘 사건을 접수하거나 인지하면 지체 없이 조사를 실시하도록 정하고 있다. 여기서 조사는 정식 조사라기보다는 상담으로 봐야 할 것이다. 상담을 통해 피해자가 요구하는 사항을 파악하는 데, 피해자는 정식 조사를 요구하지 않고 화해나 행위자의 사과만을 바랄 수도 있기 때문이다. 따라서 사건이 접수된 경우에는 지체 없이 당사자에게 그 사실을 알리고, 적어도 2~3일 이내에 상담이 이루어지도록 해야 한다.

관련 법령

근로기준법
제76조의 3(직장 내 괴롭힘 발생 시 조치)
② 사용자는 제1항에 따른 신고를 접수하거나 직장 내 괴롭힘 발생 사실을 인지한 경우에는 지체 없이 당사자 등을 대상으로 그 사실 확인을 위하여 객관적으로 조사를 실시하여야 한다.
(위반 시 500만 원 이하 과태료)

---

2. 보안 유지

신고자나 피해자에게 접수 사실을 알리고 면담을 요청하는 단계에서부터 당사자의 신원이 드러나지 않도록 주의해야 한다. 사안에 따라서는 신고했다는 사실만으로 2차 피해가 발생할 수 있기 때문이다. 상담을 요청할 때도 부주의하게 접촉해서는 안 되며, 상담을 위한 장소도 비밀이 유지되는 곳으로 정해야 한다.

상담 후 이루어지는 것

상담단계에서 피해를 주장하는 근로자가 사건을 공론화하길 원치 않고 행위자와의 분리만을 원한다면 조사를 생략하고 상담보고서를 작성해서 사업주에게 보고한다. 상담보고서는 상담일지를 바탕으로 다음의 내용을 기술한다.

상담보고서 내용

① 피해자가 진술한 직장 내 괴롭힘 행위
② 행위를 입증할 수 있는 근거
③ 피해 정도
④ 피해자의 요청사항

사업주가 직장 내 괴롭힘이라고 판단하면 배치전환 등을 통한 분리 조치를 취해야 한다. 직장 내 괴롭힘으로 볼 수 없는 경우는 피해자에게 해당 사실을 알리고 정식 조사로 나아갈지 결정하게 하고 그에 따라 이후 사항을 진행한다.

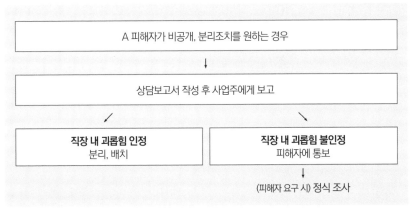

출처 : 저자 작성

☑ 상담 순서 : 신고자 → 피해자
☑ 상담 목적 : 1. 피해 상황 파악, 2. 요구사항 청취, 3. 회사의 절차 설명
☑ 유의사항 : 1. 접수 후 적어도 2~3일 내 실시, 2. 비밀유지 의무 준수

05
신고자를 보호하기 위해
무엇을 할 수 있을까?

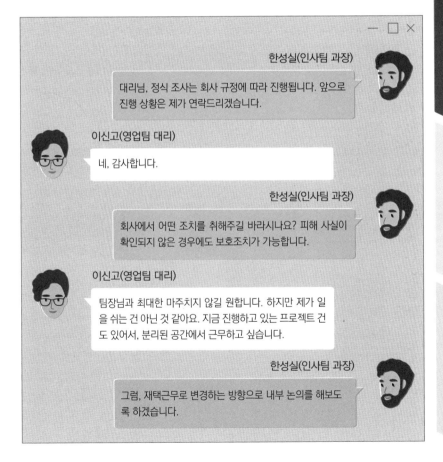

한성실(인사팀 과장)

> 대리님, 정식 조사는 회사 규정에 따라 진행됩니다. 앞으로 진행 상황은 제가 연락드리겠습니다.

이신고(영업팀 대리)

> 네, 감사합니다.

한성실(인사팀 과장)

> 회사에서 어떤 조치를 취해주길 바라시나요? 피해 사실이 확인되지 않은 경우에도 보호조치가 가능합니다.

이신고(영업팀 대리)

> 팀장님과 최대한 마주치지 않길 원합니다. 하지만 제가 일을 쉬는 건 아닌 것 같아요. 지금 진행하고 있는 프로젝트 건도 있어서, 분리된 공간에서 근무하고 싶습니다.

한성실(인사팀 과장)

> 그럼, 재택근무로 변경하는 방향으로 내부 논의를 해보도록 하겠습니다.

취업규칙에는 피해 사실이 확인되지 않은 경우에도 신고자에게 유급휴가를 줄 수 있도록 규정하고 있으나, 이신고 대리는 유급휴가가 아닌 다른 방법으로 분리조치를 희망한다. 고민 끝에 한성실 과장은 재택근무를 제시했고, 이신고 대리도 이를 받아들였다.

인사팀의 업무일지

일자	내용
2023.7.3.월 (D+1)	– 사내 이메일로 직장 내 괴롭힘 신고 내용 확인 　(신고자 : 이신고 대리)
	– 신고자와 피신고자가 신고 대상자에 해당하는지 확인 – 인사팀장에게 해당 신고 건에 대한 구두 보고 – 인사팀장은 신고 내용에 대해 대표이사 보고
2023.7.4.화 (D+2)	– 상담일지 작성 – 상담보고서 작성 후, 인사팀장 및 대표이사 보고 – 본인, 인사팀장, 대표이사에 대한 비밀유지서약서 징구
2023.7.5.수 (D+3)	– 신고자에 보호조치 실시(재택근무 실시)

📖 깊이 알아보기　피해자 보호조치

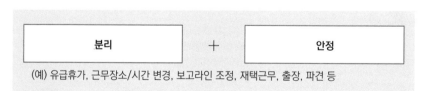

분리	+	안정

(예) 유급휴가, 근무장소/시간 변경, 보고라인 조정, 재택근무, 출장, 파견 등

출처 : 저자 작성

1. 언제부터 보호조치가 필요한가?

직장 내 괴롭힘 행위로 인한 신체·정신적 피해는 완전하게 회복하기 어렵다. 따라서 필요한 경우에는 괴롭힘 행위가 중단되도록 행위자로부터 분리하고 피해자가 안정을 취할 수 있도록 도와야 한다. 근로기준법에서는 신고자에 대해서도 보호조치를 하도록 규정하고 있다, 따라서 회사는 상담과정에서 신고자에게 부여할 수 있는 보호조치를 설명하고, 그중 어떤 보호조치를 원하는지 확인하는 것이 필요하다.

관련 법령

근로기준법
제76조의 3(직장 내 괴롭힘 발생 시 조치) ③ 사용자는 제2항에 따른 조사 기간 동안 직장 내 괴롭힘과 관련하여 피해를 입은 근로자 또는 피해를 입었다고 주장하는 근로자(이하 '피해근로자 등'이라 한다)를 보호하기 위하여 필요한 경우 해당 피해근로자 등에 대하여 근무장소의 변경, 유급휴가 명령 등 적절한 조치를 하여야 한다. 이 경우 사용자는 피해근로자 등의 의사에 반하는 조치를 하여서는 아니 된다.

2. 어떤 조치를 취할 수 있나?

보호조치는 피해자가 그간 행위자로부터 받은 정신적 신체적 손상을 회복하고 혹시 모를 2차 피해를 예방하기 위한 것이다. 따라서 피해자를 행위자로부터 분리하고 안정시킬 수 있는 모든 조치가 가능하다. 법에서 정한 근무장소 변경, 유급휴가 명령은 물론 근무시간 변경, 보고라인 조정, 재택근무나 출장, 파견 등 회사 사정을 고려해서 적절한 조치를 취한다.

3. 언제까지 보호조치가 필요한가?

근로기준법에서는 조사 결과 직장 내 괴롭힘 사실이 확인된 때도 피해근로자가 요청하면 근무장소 변경, 배치 전환, 유급휴가 명령 등 적절한 조치를 취하도록 정하고 있다. 조사 기간에는 신고자에게 보호조치를 하지 않아도 과태료가 부과되지는 않는다. 다만 직장 내 괴롭힘 사실이 확인되었을 때, 피해자에 대한 보호조치를 하지 않으면 500만 원 이하의 과태료가 부과될 수 있다.

관련 법령

근로기준법
제76조의 3(직장 내 괴롭힘 발생 시 조치) ④ 사용자는 제2항에 따른 조사 결과 직장 내 괴롭힘 발생 사실이 확인된 때에는 피해근로자가 요청하면 근무장소의 변경, 배치전환, 유급휴가 명령 등 적절한 조치를 하여야 한다.
(위반 시 500만 원 이하 과태료)

일반적으로 조사위원회가 직장 내 괴롭힘으로 볼 수 있는지에 대한 의견을 포함해서 조사보고서를 작성하면, 이를 바탕으로 인사·징계위원회가 행위자에 대한 조치를 결정한다. 물론 회사에 따라서는 조사위원회와 별도로 심의위원회를 두어 직장 내 괴롭힘에 해당하는지 객관적으로 판단하도록 하는 경우도 있다. 신고자 보호조치는 적어도 상담 이후부터 조사가 완료되어 행위자 조치사항이 결정될 때까지 부여하는 것으로 봐야 한다. 따라서 처음부터 이를 고려해서 조치를 취해야 한다.

조사가 마무리된 후에도 신고자가 정신·신체적 피해의 회복을 위한 휴가나 휴직을 요구하는 경우도 있다. 이를 대비해서 미리 취업규칙에 피해 회복을 위한 조치기준과 기한을 정해두는 것이 좋다. 정한 바가 없다면 취업 규칙상 병가나 질병휴직 규정에 따라 진단서를 참고해서 부여할 수 있다. 이때 신고자에게 상급병원의 진단서 등 과거 사례에 비해 엄격한 기준을 요구하거나 취업규칙에서 정한 기간보다 적은 기간을 부여하는 등 불이익한 처우를 해서는 안 된다.

4. 보호조치를 할 때도 주의할 점이 있다

① 신고자 등의 의사 고려

상황에 따라서는 신고자가 보호조치를 원치 않을 수 있다. 이 경우 피해 신고자의 의사에 반한 보호조치는 아무리 좋은 의도라도 불리한 처우가 될 수 있음을 유의하자. 상시로 시간외근로가 이루어지는 사업장의 경우에는 유급휴가를 부여하면 시간외근로 수당만큼 경제적 손해를 본다고 느낄 수도 있다. 이러한 경우에는 근무시간 조정을 통해 행위자와의 분리를 고려해볼 수 있을 것이다.

② 신고자 등에 진행 상황 통보

보호조치 중에 있는 직원에게 사건의 진행 과정을 서면이나 메일로 통보해주어야 한다. 특히 회사에서 분리조치된 상태라면 신고자는 진행 상황을 알 수도 없는데, 여러 사정으로 진행이 늦어지면 불안할 수 있다. 사안에 따라서는 조사 결과 직장 내 괴롭힘이 아니라고 판단될 수도 있는데, 그간의 진행 상황에 대한 설명조차 없었다면 직원의 불안은 회사에 대한 불신으로 바뀌어 고용노동부 등 외부기관에 다시 진정을 제기할 수도 있기 때문이다.

5. 제3자가 신고한 경우에도 보호조치를 취해야 할까?

법에서는 피해를 본 근로자 또는 피해를 봤다고 주장하는 근로자에게 보호조치를 취해야 한다고 정하고 있으나, 취업규칙 등에 신고자에 대한 보호조치도 규정하고 있거나, 제3자가 신고로 인해 행위자로부터 피해를 받을 수 있는 상황이라면 마땅히 보호조치를 취해야 할 것이다.

6. 신고자 대신 행위자에 대해 조치할 수 있을까?

신고자가 행위자와의 분리를 요구하면서, 행위자에 대해 파견 혹은 대기발령해줄 것을 요구하는 경우도 있다. 그러나 이 단계에서는 아직 해당 사건이 직장 내 괴롭힘인지 확정되지 않았기 때문에 행위자에 대한 조치는 주의할 필요가 있다. 특히 대기발령은 취업규칙에 정해진 사유에 해당하는지, 장소나 기간에 대한 검토가 필요하다. 추후 직장 내 괴롭힘으로 밝혀져 징계까지 이르게 된다면 행위자는 회사가 취한 모든 조치에 정당성을 확인하려 할 것이기 때문이다.

원 포인트 One Point

- ☑ 휴가, 출장, 재택, 보고라인 변경, 근무시간·장소 변경 등 신고자 등의 의사를 확인한 후 결정
- ☑ 보호조치는 상담 과정에서부터 조사과정 마무리까지 필요, 괴롭힘 사실 확인 이후에 보호조치를 취하지 않으면 과태료 부과될 수 있으니 주의

관련 법령

근로기준법

제76조의 3(직장 내 괴롭힘 발생 시 조치) ③ 사용자는 제2항에 따른 조사 기간 동안 직장 내 괴롭힘과 관련하여 피해를 입은 근로자 또는 피해를 입었다고 주장하는 근로자(이하 '피해근로자 등'이라 한다)를 보호하기 위하여 필요한 경우 해당 피해근로자 등에 대하여 근무장소의 변경, 유급휴가 명령 등 적절한 조치를 하여야 한다. 이 경우 사용자는 피해근로자 등의 의사에 반하는 조치를 하여서는 아니 된다.

3단계 : 조사

06
약식 조사는
어떻게 해야 할까?

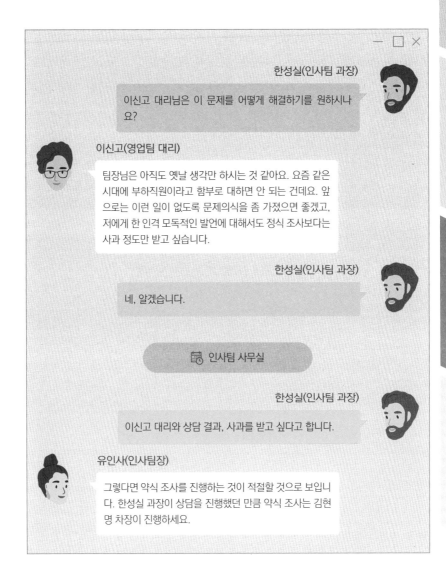

한성실(인사팀 과장)

이신고 대리님은 이 문제를 어떻게 해결하기를 원하시나요?

이신고(영업팀 대리)

팀장님은 아직도 옛날 생각만 하시는 것 같아요. 요즘 같은 시대에 부하직원이라고 함부로 대하면 안 되는 건데요. 앞으로는 이런 일이 없도록 문제의식을 좀 가졌으면 좋겠고, 저에게 한 인격 모독적인 발언에 대해서도 정식 조사보다는 사과 정도만 받고 싶습니다.

한성실(인사팀 과장)

네, 알겠습니다.

📻 인사팀 사무실

한성실(인사팀 과장)

이신고 대리와 상담 결과, 사과를 받고 싶다고 합니다.

유인사(인사팀장)

그렇다면 약식 조사를 진행하는 것이 적절할 것으로 보입니다. 한성실 과장이 상담을 진행했던 만큼 약식 조사는 김현명 차장이 진행하세요.

이신고 대리가 사과와 재발 방지를 원함에 따라 김현명 차장은 약식 조사를 실시했다. 이신고 대리가 폭언을 들을 당시 녹취한 파일을 제출받아 폭언 사실을 확인하였다.

이에 유인사 팀장은 약식 조사 보고를 받은 후 자문노무사의 의견을 들어 행위자인 박무식 팀장을 불러 약식 조사 결과를 알리고 사과 의사가 있는지 확인했지만, 박무식 팀장은 괴롭힐 의도는 전혀 없었고, 오히려 이신고 대리가 적극적으로 업무를 하지 않아 지적한 적은 있지만, 괴롭힌 적은 없다며 사과를 할 수 없다는 입장이다.

인사팀의 업무일지

일자	내용
2023.7.3.월 (D+1)	- 사내 이메일로 직장 내 괴롭힘 신고 내용 확인 (신고자 : 이신고 대리)
	- 신고자와 피신고자가 신고 대상자에 해당하는지 확인 - 인사팀장에게 해당 신고 건에 대한 구두 보고 - 인사팀장은 신고 내용에 대해 대표이사 보고
2023.7.4.화 (D+2)	- 상담일지 작성 - 상담보고서 작성 후, 인사팀장 및 대표이사 보고 - 본인, 인사팀장, 대표이사에 대한 비밀유지서약서 징구
2023.7.5.수 (D+3)	- 신고자에 보호조치 실시(재택근무 실시)
2023.7.6.목 (D+4)	- 약식 조사 실시 - 자문노무사 질의
2023.7.7.금 (D+5)	- 행위자와 합의 진행(거부)

📖 깊이 알아보기 약식 조사

피해를 주장하는 직원이 정식 조사를 하기보다 행위자에게 사과나 재발 방지 약속을 받길 원하는 경우도 있다. 이때는 직장 내 괴롭힘이 있었는지 확인하기 위한 약식 조사를 실시한다. 약식 조사란 말 그대로 정식 조사 절차 중 일부를 생략하고 중요한 사항 위주로 간략하게 진행하는 것을 뜻한다. 직장 내 괴롭힘 행위가 있었다고 확인되면 행위자에게 피해자 측 요구를 전달해 합의를 제안할 수 있고, 행위자도 사과나 재발 방지 약속 등 피해자의 요구를 받아들일 수 있다.

1. 약식 조사는 누가 할까?

약식 조사는 상담자가 직접 할 수도 있지만, 별도 조사자가 실시하는 것이 더 바람직하다. 직장 내 괴롭힘으로 인정될 경우 행위자와 합의 절차를 진행해야 하는 만큼 인사팀장 등 중간관리자 이상이나 외부 전문가가 담당하는 것이 좋다.

2. 약식 조사에서는 누구를 조사하면 될까?

신고자와 신고자가 추천한 참고인 정도만 대상으로 조사를 실시한다. 행위자를 징계하고자 하는 것보다는 직장 내 괴롭힘이 해당하는지를 판단하기 위함이므로 조사의 신속성에 무게를 두고 조사를 실시한다.

3. 약식 조사에서는 무엇을 조사해야 하나?

조사자는 다음 내용을 포함한 약식 조사보고서를 작성해서 사업주에게 보고한다.

---

① 신고자와 행위자와의 관계(우위성 판단요소)
② 신고자 또는 신고자가 추천한 참고인이 진술한 내용을 기반으로 한 사건 경위
③ 문제 된 행위가 직장 내 괴롭힘에 해당하는지 입증할 수 있는 직접·정황 증거
④ 신고자가 주장하는 피해 정도
⑤ 신고자의 요청사항

---

4. 약식 조사 결과에 따라 회사의 대응도 달라진다

① 직장 내 괴롭힘으로 불인정하는 경우

약식 조사 결과 직장 내 괴롭힘으로 볼 수 없는 경우도 있다. 이 경우에는 신고자의 고충 처리 차원에서 어려움을 해소할 수 있도록 도울 수 있다.

②-1. 직장 내 괴롭힘으로 인정되고 행위자가 합의를 수용하는 경우

사과나 재발 방지 약속 등을 담은 각서나 합의서를 작성해서 사건을 마무리한다. 합의서는 언제까지 무엇을 해야 하며 이를 이행하지 않으면 어떤 불이익을 받는지 구체적으로 명시해야 한다. 이때 사안의 경중에 따라 피해자의 요구사항에 더해서 회사 차원에서도 상담, 코칭, 교육 등을 받도록 결정할 수도 있다.

②-2. 직장 내 괴롭힘으로 인정되나 행위자가 합의를 거부하는 경우

합의가 결렬된 경우에는 피해자에게 다시 정식 조사를 진행할지 확인하고 그에 따라 절차를 진행하면 된다.

5. 합의된 경우에도 비밀유지 의무는 적용된다

직장 내 괴롭힘 사건이 당사자 간 합의로 원만히 마무리된 경우, 회사에서는 비슷한 사례가 발생하지 않도록 직원들에게 경각심을 주기 위해 해당 사건을 공유하는 경우가 있다. 하지만 이 경우에도 근로기준법에서 정한 비밀유지 의무 규정이 적용된다. 따라서 피해근로자의 의사에 반해서 해당 사례를 교육 등에 활용하는 경우 500만 원 이하의 과태료가 부과될 수 있다.

관련 법령

근로기준법
제76조의 3(직장 내 괴롭힘 발생 시 조치) ⑦ 제2항에 따라 직장 내 괴롭힘 발생 사실을 조사한 사람, 조사 내용을 보고받은 사람 및 그 밖에 조사 과정에 참여한 사람은 해당 조사 과정에서 알게 된 비밀을 피해근로자 등의 의사에 반하여 다른 사람에게 누설하여서는 아니 된다. 다만, 조사와 관련된 내용을 사용자에게 보고하거나 관계 기관의 요청에 따라 필요한 정보를 제공하는 경우는 제외한다.
(위반 시 500만 원 이하 과태료)

약식 조사라 하더라도 조사 담당자, 조사에 참여한 참고인, 관련 보고라인의 임원 및 사업주에 이르기까지 비밀유지서약서를 작성하고, 사건이 마무리된 후에는 관련 서류에 당사자 이름을 익명 처리하거나

문서를 별도 보관하고 취급 인가자를 명확히 정해서 반출되지 않도록
관리해야 한다.

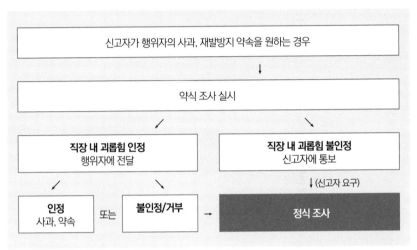

출처 : 저자 작성

- [✓] 약식 조사는 조사의 신속성에 무게를 두고 괴롭힘을 인정할 수 있는지 확인
- [✓] 직장 내 괴롭힘 불인정 : 고충 처리 차원에서 피해자 괴로움 해소 노력
- [✓] 직장 내 괴롭힘 인정 → 행위자 합의 수용 : 구체적인 합의서 작성
- [✓] 직장 내 괴롭힘 인정 → 행위자 합의 거부 : 피해자가 정식 조사 희망할 경우 정식
  조사 실시

07
한눈에 보는 직장 내 괴롭힘 사건
전체 처리 절차

김현명(인사팀 차장)

약식 조사 결과 회사에서는 직장 내 괴롭힘에 해당하는 폭언이 있었음을 확인했습니다. 그래서 박무식 팀장에게 사과 의사가 있는지 확인했으나 인정할 수 없다는 입장입니다.

이신고(영업팀 대리)

아아. 알겠습니다. 그럼 정식으로 조사해주세요. 저 말고도 당하는 직원들이 많아서 이대로 덮을 수는 없을 것 같아요.

김현명(인사팀 차장)

네, 정식 조사도 가능한 한 빠르고 공정하게 진행할 수 있도록 하겠습니다.

결국 정식 조사가 필요한 상황이 되었다. 김현명 차장은 혹시나 있을지 모르는 실수를 줄이고자 미리 조사절차를 확인하고, 단계별로 걸리는 기간을 정리한 후 팀장님께 보고했다.

인사팀의 업무일지

일자	내용
2023.7.3.월 (D+1)	– 사내 이메일로 직장 내 괴롭힘 신고 내용 확인 (신고자 : 이신고 대리)
	– 신고자와 피신고자가 신고 대상자에 해당하는지 확인 – 인사팀장에게 해당 신고 건에 대한 구두 보고 – 인사팀장은 신고 내용에 대해 대표이사 보고
2023.7.4.화 (D+2)	– 상담일지 작성 – 상담보고서 작성 후, 인사팀장 및 대표이사 보고 – 본인, 인사팀장, 대표이사에 대한 비밀유지서약서 징구
2023.7.5.수 (D+3)	– 신고자에 보호조치 실시(재택근무 실시)
2023.7.6.목 (D+4)	– 약식 조사 실시 – 자문노무사 질의
2023.7.7.금 (D+5)	– 행위자와 합의 진행(거부)
2023.7.10.월 (D+8)	– 신고자의 의사 확인결과 정식 조사 요청

직장 내 괴롭힘 사건 처리 절차도

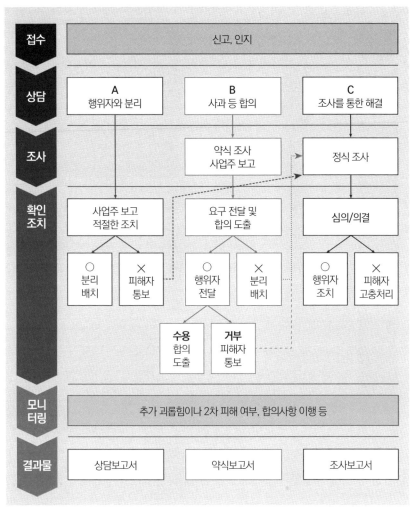

출처 : 저자 작성

 원 포인트 One Point

☑ 직장 내 괴롭힘 사건의 신고, 인지 시, 상담/조사(약식 조사, 정식 조사), 확인조치, 모니터링의 순으로 진행

직장 내 괴롭힘 사건 정식 조사 절차도

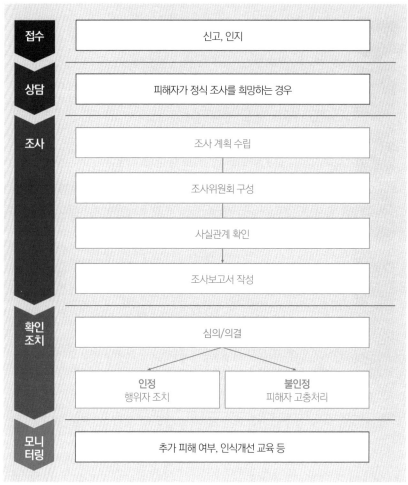

접수	신고, 인지
상담	피해자가 정식 조사를 희망하는 경우
조사	조사 계획 수립
	조사위원회 구성
	사실관계 확인
	조사보고서 작성
확인 조치	심의/의결
	인정 행위자 조치 / **불인정** 피해자 고충처리
모니 터링	추가 피해 여부, 인식개선 교육 등

출처 : 저자 작성

08
정식 조사에 앞서
가장 먼저 해야 할 것은?

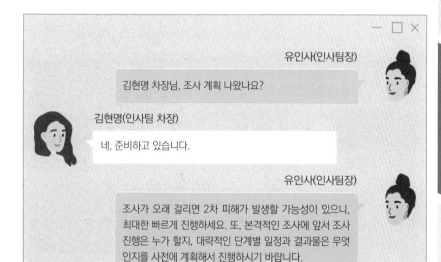

유인사(인사팀장)

김현명 차장님, 조사 계획 나왔나요?

김현명(인사팀 차장)

네, 준비하고 있습니다.

유인사(인사팀장)

조사가 오래 걸리면 2차 피해가 발생할 가능성이 있으니, 최대한 빠르게 진행하세요. 또, 본격적인 조사 진행은 누가 할지, 대략적인 단계별 일정과 결과물은 무엇인지를 사전에 계획해서 진행하시기 바랍니다.

김현명 차장은 직장 내 괴롭힘의 정식 조사를 진행하게 되었다. 직장 내 괴롭힘 조사는 지체 없이 진행되어야 해서, 우선 빠르게 조사 계획부터 수립하기 시작했다.

인사팀의 업무일지

일자	내용
2023.7.3.월 (D+1)	– 사내 이메일로 직장 내 괴롭힘 신고 내용 확인 　(신고자 : 이신고 대리)
	– 신고자와 피신고자가 신고 대상자에 해당하는지 확인 – 인사팀장에게 해당 신고 건에 대한 구두 보고 – 인사팀장은 신고 내용에 대해 대표이사 보고
2023.7.4.화 (D+2)	– 상담일지 작성 – 상담보고서 작성 후, 인사팀장 및 대표이사 보고 – 본인, 인사팀장, 대표이사에 대한 비밀유지서약서 징구
2023.7.5.수 (D+3)	– 신고자에 보호조치 실시(재택근무 실시)
2023.7.6.목 (D+4)	– 약식 조사 실시 – 자문노무사 질의
2023.7.7.금 (D+5)	– 행위자와 합의 진행(거부)
2023.7.10.월 (D+8)	– 신고자의 의사 확인결과 정식 조사 요청
	– 조사 계획 수립

📖 깊이 알아보기 조사 계획

조사가 지연되면 2차 피해가 발생할 가능성이 높아지기 때문에 조사는 최대한 빠르게 진행되어야 한다. 따라서 본격적인 조사에 앞서 조사의 주체를 정하고, 단계별 일정과 결과물을 미리 정해서 신속한 조사가 이루어지도록 해야 한다.

1. 조사는 누가 할 것인가?

직장 내 괴롭힘의 조사 및 조치를 누가 어떻게 할 것인지 취업규칙에 미리 정해놓았다면 그에 따르면 된다. 그런데, 기존 취업규칙에 직장 내 괴롭힘 예방·대응 규정을 추가하면서 사건의 조사 및 조치에 관한 사항은 구체적으로 정하지 않은 사업장도 있다. 그런 경우에는 조사의 주체가 어디까지 담당할지를 정해야 한다.

일반적으로 조사위원회는 당사자들을 면담해서 사실관계를 확인하고, 관련 입증자료를 확정하는 역할까지 담당한다. 직장 내 괴롭힘 인정 여부 및 행위자 조치에 대한 심의·의결은 인사위원회 등에서 맡는다. 행위자 조치가 징계에 해당하는 경우에는 그 징계가 정당한지에 대해 노동위원회 등에서 다투어질 수 있으므로, 가능한 심의·의결은 징계위원회에 준하는 조직에서 행하는 것이 바람직하다. 따라서 다음에서는 조사위원회가 심의·의결 이전까지를 담당하는 경우를 전제로 설명하겠다.

2. 단계마다 필요한 일정을 예상해본다

근로기준법에서는 조사에 걸리는 기간을 명확히 정하지는 않았다.

다만 "지체 없이" 당사자 등을 대상으로 객관적 조사를 실시하도록 정하고 있을 뿐이다. 고용노동부에서 작성한 직장 내 괴롭힘 관련 취업규칙 표준안에서는 조사를 개시한 날부터 20일 이내에 정식 조사를 완료하고, 특별한 사정이 있는 경우 10일 범위에서 연장할 수 있도록 정하고 있다.

고용노동부에 진정을 제기할 경우 일반적인 처리기한은 25일이다. 실제로 직원이 고용노동부에 진정을 제기한 경우에 회사에 직장 내 괴롭힘 신고를 했으나 회사가 이를 조사하지 않는 경우, 근로감독관은 25일의 시정 기한을 주고 그 기한 내에 조사가 이루어지도록 지도한다.

이상을 종합해볼 때, 가장 이상적인 진행 일정은 다음 표와 같을 것이다. 물론 회사 사정에 따라 단계별 일정이 더해지거나 늦어질 수 있다.

일정으로 본 직장 내 괴롭힘 대응 과정

접수	신고, 인지	
상담	피해자 요구 파악	+ 2day
조사	조사 계획 수립	+ 3day
	조사위원회 구성	+ 3day
	조사 준비	+ 1day
	조사 실시	+ 5day
	조사보고서 작성	+ 7day
확인 조치	피해자 의견청취	+ 1day
	징계위원회	+ 3day

피해근로자 등 보호조치

Total 25day

출처 : 저자 작성

1단계 : 신고

2단계 : 상담

3단계 : 조사

원 포인트 One Point

☑ 조사는 미리 계획에 따라 진행
☑ 비밀 준수
☑ 신속하고 공정한 조사

3. 조사 단계별로 필요한 결과물을 생각해본다

조사 결과 직장 내 괴롭힘으로 인정되어 행위자에게 징계를 내린 경우, 행위자는 징계의 정당성을 다투고자 할 수 있다. 반대로 직장 내 괴롭힘으로 인정되지 않거나, 그 정도가 중하지 않아 관련 교육 이수 등 가벼운 조치에 그친 경우, 피해자는 조사의 공정성을 문제 삼을 수 있다. 따라서 정식 조사의 각 단계는 추후 입증자료로 사용될 수 있으므로 가능한 한 모두 서면으로 남겨야 한다. 각 단계를 진행하는 데 필요한 문서나 결과물은 다음과 같다.

문서로 본 직장 내 괴롭힘 대응 과정

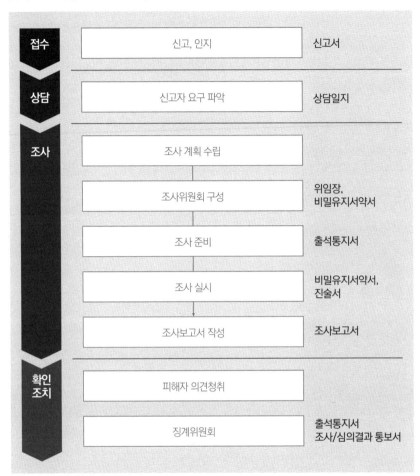

출처 : 저자 작성

09
조사위원회는
어떻게 구성해야 할까?

김현명(인사팀 차장)

안녕하세요? 노무사님. 고민되는 부분이 있어 연락드렸습니다. 저희 이번에 직장 내 괴롭힘 신고가 들어와서 정식 조사를 하려고 하는데 조사위원 구성부터 막막한 부분이 있어서요.

 이하나(자문노무사)

현재 취업규칙상 직장 내 괴롭힘의 조사 관련 구체적인 내용은 없으므로, 조사위원회 구성은 회사에서 정해서 진행하실 수 있습니다. 다만 공정하고 전문적인 조사를 위해 외부에 위탁하거나 외부위원과 내부위원을 함께 구성하기도 합니다.

김현명(인사팀 차장)

아, 아무래도 외부위원님들이 조사에 참여하시면 공정성이나 전문성이 담보되기는 하겠네요. 그럼, 만약에 외부위원으로 노무사님께서 참여해주실 수 있으신가요?

 이하나(자문노무사)

네, 제가 조사에 참여할 수도 있지만, 아무래도 사측 자문노무사이니 신고자 입장에서는 자문노무사보다는 다른 노무사가 참여하는 것을 선호할 수 있습니다.

김현명(인사팀 차장)

네, 노무사님. 의견주셔서 감사드립니다. 그럼, 내부 검토 후 추가 문의사항이 있으면 연락드리도록 하겠습니다.

김현명 차장은 자문노무사의 의견을 참고해서 외부위원과 함께 조사위원회를 구성해야겠다고 생각했다. 김현명 차장은 조사 계획을 정리해 유인사 팀장과 함께 대표이사 보고를 하니, 대표이사는 비용이 들어도 첫 신고 건이므로 공정성과 전문성을 갖춘 외부위원을 위촉해서, 정확한 조사를 진행하라고 지시했다.

이에 따라 조사위원은 내부위원으로 감사팀장을, 외부위원은 직장 내 괴롭힘 분야에서 경험이 많은 외부 노무사 1명을 선임했다.

인사팀의 업무일지

일자	내용
2023.7.3.월 (D+1)	– 사내 이메일로 직장 내 괴롭힘 신고 내용 확인 (신고자 : 이신고 대리)
	– 신고자와 피신고자가 신고 대상자에 해당하는지 확인 – 인사팀장에게 해당 신고 건에 대한 구두 보고 – 인사팀장은 신고 내용에 대해 대표이사 보고
2023.7.4.화 (D+2)	– 상담일지 작성 – 상담보고서 작성 후, 인사팀장 및 대표이사 보고 – 본인, 인사팀장, 대표이사에 대한 비밀유지서약서 징구
2023.7.5.수 (D+3)	– 신고자에 보호조치 실시(재택근무 실시)
2023.7.6.목 (D+4)	– 약식 조사 실시 – 자문노무사 질의
2023.7.7.금 (D+5)	– 행위자와 합의 진행(거부)
2023.7.10.월 (D+8)	– 신고자의 의사 확인결과 정식 조사 요청
	– 조사 계획 수립
2023.7.12.수 (D+10)	– 조사위원회 구성 완료(내부 1명, 외부 1명)

📖 깊이 알아보기 조사위원회 구성

조사위원회가 하는 일은 조사 대상자 선정부터 직접 대면조사를 실시하고, 관련 입증자료를 수집·검증해서 이를 바탕으로 직장 내 괴롭힘 판단기준에 따라 보고서를 작성하는 것이다.

1. 조사위원회는 몇 명이 적당한가?

조사위원회에서 직장 내 괴롭힘에 대한 최종 판단을 하는 경우라면 조사위원회 수는 홀수로 구성하는 것이 좋다. 그러나 별도의 심의위원회에서 직장 내 괴롭힘 인정 여부를 최종 판단한다면 조사위원회는 사안의 경중과 회사 사정에 따라 자유로이 정할 수 있다. 다만, 신고자 및 행위자를 대면조사 할 때는 단독으로 하는 경우 신속한 조사가 어렵고, 공정성 확보에 불리하기 때문에 최소한 2명 이상으로 구성하는 것이 좋다.

2. 조사위원회는 어떻게 구성할까?

조사위원회는 인원을 어떻게 구성할 것인가에 따라 크게 3가지로 나눌 수 있다.

구분	장점	단점	비고
내부 조직	비용이 들지 않고 빠른 대응이 가능	공정성에 의심을 받을 수 있음	복잡하지 않은 사건
내부+외부	공정하고 정확한 조사 가능	비용 발생	가장 이상적인 구성
외부 위탁	공정하고 전문적 조사 가능	구성에 많은 시간과 비용이 소요	복잡한 사건 대표자가 행위자로 신고된 사건

① 내부 조직 활용

회사의 내부 규정이나 업무분담 등 정보를 가장 많이 갖고 있으며, 조사위원회 구성에 많은 시간이 소요되지 않는다는 장점이 있다. 그러나 사건처리에 대한 전문성이 약할 수 있다. 통상적으로 인사, 준법, 감사 등에서 수행하는 경우가 많다. 사안이 복잡하지 않거나, 직장 내 괴롭힘이라고 볼 수 없음에도 피해를 주장하는 직원이 조사를 요청한 경우에는 내부 조직 활용도 적합하다.

② 내부 + 외부

내부 인원과 외부 전문가를 혼합해서 구성할 수도 있다. 외부 전문가는 직장 내 괴롭힘 관련 지식과 경험이 많다 하더라도 내부 규정과 조직문화 등은 자세히 알기 힘들다. 따라서 내부 인원과 외부 전문가가 함께 조사하면 더 공정하고 정확한 조사가 가능할 수 있다. 고용노동부에서 작성한 직장 내 괴롭힘 관련 취업규칙 표준안을 보면, 조사위원회는 노동조합에서 추천하는 사람 또는 노사협의회 근로자위원을 포함해서 5명 이내로 구성하되, 조사의 전문성을 위해 외부 전문가를 위원으로 선임할 수 있다고 규정하고 있다.

③ 외부 위탁

관련자가 많고 판단이 용이하지 않은 경우나 대표이사가 행위자로 신고된 사건, 조직의 규모가 작아 조사위원회 구성이 쉽지 않은 경우 등은 공인노무사 등 외부 전문가들로만 조사위원회를 구성할 수도 있다. 이때도 노동조합 등 근로자 측이 추천하는 위원들과 회사에서 추천하는 위원들로 구성하는 등 공정성 확보를 위해 노력해야 한다. 사전에 외부 전문가 풀을 준비해두면 신속하게 조사위원회를 구성할 수 있다.

3. 조사위원회의 성별이 중요한 경우도 있다

성차별적 괴롭힘 사건이나 직장 내 성희롱과 괴롭힘이 동시에 발생한 경우는 조사위원의 성별도 고려해야 한다. 하나의 성별만으로 조사위원회를 구성하면 균형 있는 조사가 어려울 수 있기 때문이다.

4. 취업규칙을 준수해야 한다

이와 같은 내용을 반영해서 이미 취업규칙에 조사위원회 구성과 수를 정해놓았다면 이를 반드시 준수해야 한다. 조사 결과에 따라 신고자 또는 행위자는 조사의 공정성에 의구심을 가질 수 있고, 조사절차를 지키지 않은 경우에는 결과의 정당성을 보장할 수 없다.

 원 포인트 One Point

☑ 조사의 공정성을 위해 내부위원 2~3명, 외부위원 2~3명 총 5~6명으로 구성 추천
☑ 성차별적 괴롭힘 사건의 경우에는 한 성이 60%를 초과하지 않도록 권고

10
조사 전에
준비할 것은 무엇일까?

유인사(인사팀장)

촉박하게 요청했는데도 회의에 참석해주셔서 감사합니다. 우리 회사에서 처음으로 발생한 직장 내 괴롭힘 사건인 만큼 철저히 조사해서 처리하고자 합니다. 이번 조사에 앞서 준비해야 할 사항이 무엇이 있을까요?

 왕꼼꼼(감사팀장)

보내주신 신고서 및 상담보고서 검토 결과, 본 사안은 신고자가 주장하는 발언이 실제 있었는지를 입증하는 것이 쟁점이 될 듯합니다. 또한 신고한 내용 외에도 비슷한 사안이 있었는지 확인해볼 필요가 있습니다.

 한선희(노무사/조사위원)

조사에 도움이 될 만한 참고인을 선정하는 것도 중요합니다. 참고인 선정에 필요한 기본 자료로 요청드린 조직도와 업무분장표, 좌석배치도가 준비되었을까요?

77

조사위원회는 사전회의를 통해 이번 사건의 쟁점을 확인하고, 행위 사실을 확인해줄 수 있는 참고인을 선정했다. 조사위원회의 일정에 따라 김현명 차장은 신고자, 참고인들, 행위자에게 조사 일정을 통보했다.

인사팀의 업무일지

일자	내용
2023.7.3.월 (D+1)	– 사내 이메일로 직장 내 괴롭힘 신고 내용 확인 　(신고자 : 이신고 대리)
	– 신고자와 피신고자가 신고 대상자에 해당하는지 확인 – 인사팀장에게 해당 신고 건에 대한 구두 보고 – 인사팀장은 신고 내용에 대해 대표이사 보고
2023.7.4.화 (D+2)	– 상담일지 작성 – 상담보고서 작성 후, 인사팀장 및 대표이사 보고 – 본인, 인사팀장, 대표이사에 대한 비밀유지서약서 징구
2023.7.5.수 (D+3)	– 신고자에 보호조치 실시(재택근무 실시)
2023.7.6.목 (D+4)	– 약식 조사 실시 – 자문노무사 질의
2023.7.7.금 (D+5)	– 행위자와 합의 진행(거부)
2023.7.10.월 (D+8)	– 신고자의 의사 확인결과 정식 조사 요청
	– 조사 계획 수립
2023.7.12.수 (D+10)	– 조사위원회 구성 완료(내부 1명, 외부 1명)
2023.7.14.금 (D+12)	– 조사위원회 사전회의 – 비밀유지서약서 등 준비 – 조사일정 통보

📑 깊이 알아보기 조사 사전준비

조사위원회를 구성한 후에는 본격적인 조사에 들어가기 전 사전회의를 개최해서 조사의 목적을 명확히 하고, 조사 대상과 구체적인 일정을 정해야 한다. 이 과정에서 당사자 관련 부서에 협조가 필요한 경우 미리 협조를 구하고, 조사에 필요한 관련 서식도 미리 준비해둔다.

1. 사건의 쟁점을 확인한다

조사의 목적은 신고된 사건이 '직장 내 괴롭힘 행위로 볼 수 있는지' 확인하는 것이다. 뒤에서 자세히 서술하겠지만 직장 내 괴롭힘은 ① 행위자의 우위성, ② 업무상 필요성이 없거나, 있더라도 적정 범위를 넘을 것, ③ 피해나 근무환경 악화 등이 인정될 것이라는 기준을 충족해야 한다.

다만, 사안에 따라 쟁점이 되는 부분이 다를 수 있다. 행위자와 신고자가 직급이 같다면 우위성 판단이 쟁점이 될 수도 있고, 업무를 하는 중에 발생한 일이라면 적정성 판단이 애매한 경우도 있다. 따라서 상담단계에서 확보된 내용을 근거로 이번 조사에서 쟁점이 될 사항을 미리 파악하여 이를 바탕으로 조사범위나 대상자 등을 선정해야 한다.

2. 조사 대상자를 선정한다

직장 내 괴롭힘 행위 사실을 있는 그대로 진술할 수 있는 참고인을 누구로, 몇 명 선정할 것인가 미리 정해야 한다. 참고인은 있었던 사실을 확인해 줄 수 있는 사람이면서, 사건에 대해 중립적인 진술을 할 수 있도록 행위자나 신고자와 특수한 관계에 있는 사람이어서는 안 된다. 참고인 수를 정할 때도 행위자나 신고자 어느 한쪽에 치우치지 않도록 균형감을 잃지 말아야 한다.

만약 행위자의 행위가 피해를 주장하는 신고자 이외에 다른 직원에게도 했을 가능성이 의심된다면 행위자와 같이 근무했던 직원까지 조사하여 추가적인 괴롭힘 행위가 없는지 조사해야 한다.

3. 조사 일정을 통보한다

면담은 가능한 하루, 이틀 안에 마치도록 하는 것이 좋다. 조사대상이 많은 경우에는 조사위원이 조를 나누어 면담을 실시할 수도 있다. 부득이 조사 일정이 지연되는 경우에는 행위자에게 언제 출석 통보를 할지 고민해봐야 한다. 행위자가 조사에 대한 정보를 입수하는 경우, 본인에게 유리한 진술을 하도록 참고인을 압박하거나 증거자료를 조작, 삭제할 수 있기 때문이다. 따라서 행위자에게는 면담 하루 정도 전에 통보하여 일정을 조정하되, 조사 이후에도 행위자의 주장을 입증할 수 있는 자료 제출이나 관련 참고인 조사가 가능하도록 해야 한다.

4. 보안 유지는 필수

조사과정에 참여한 모든 사람은 비밀유지 의무가 있다. 따라서 조사 일정을 통보할 때에도 관련 사건에 대한 최소한의 정보만 적는다. 비밀유지 의무가 있음을 명시해서 의도치 않게 사건에 대한 정보가 새나가지 않도록 해야 한다. 그런데도 본격적으로 조사가 진행되면 조직 내에서 해당 사건에 대한 소문이 도는 경우가 많다. 회사는 조사 과정

중에 2차 피해가 발생하지 않는지를 지속적으로 확인하고, 전 직원을 대상으로 소문을 유포하는 행위가 2차 피해 행위에 해당함을 알리는 등 2차 피해 방지를 위해 노력해야 한다.

5. 관련 서식을 준비한다

신고자 이외의 조사 대상자들에게 사건에 대해 비밀유지를 약정하는 서약서를 받아 2차 피해가 발생하지 않도록 해야 한다. 그 외에도 조사과정을 녹음하는 경우에는 녹음동의서, 개인적 영역에 대한 조사가 필요한 경우에는 개인정보 제공에 대한 동의서가 필요할 수도 있다.

관련 법령

근로기준법
제76조의 3(직장 내 괴롭힘 발생 시 조치)
⑦ 제2항에 따라 직장 내 괴롭힘 발생 사실을 조사한 사람, 조사내용을 보고받은 사람 및 그 밖에 조사과정에 참여한 사람은 해당 조사과정에서 알게 된 비밀을 피해근로자 등의 의사에 반하여 다른 사람에게 누설하여서는 아니 된다. 다만, 조사와 관련된 내용을 사용자에게 보고하거나 관계 기관의 요청에 따라 필요한 정보를 제공하는 경우는 제외한다.

원 포인트 **One Point**

☑ 사안의 쟁점을 미리 파악해서 조사 대상과 범위 정하기
☑ 비밀유지를 위해 신속한 조사 진행과 소문 유포 방지를 위해 노력

깊이 알아보기 조사 기본원칙 및 유의사항

1. 대면조사를 원칙으로 한다

조사는 최소 1회 이상 대면조사가 기본이다. 다만, 행위자가 대면조사를 거부하거나 부득이하게 대면조사가 어려운 상황이라면 서면으로도 할 수 있다. 만약 행위자가 대리인 배석을 희망하면 조사에 지장을 줄 우려가 있는 등 부득이한 경우를 제외하고 허용할 수 있다.

행위자가 아예 조사 자체를 거부하는 경우도 있다. 그러한 경우에는 조사 거부가 행위자의 자기방어권 포기로 볼 수 있음을 설명하고, 명시적인 거부 의사를 서류나 녹음으로 채증해 두는 것이 좋다.

2. 가능한 한 많은 입증자료를 취합한다

모든 입증자료가 직장 내 괴롭힘 판단에 필요하지는 않지만 가능한 많은 입증자료를 확보해야 직장 내 괴롭힘 판단에 유리하다. 따라서 CCTV, 이메일, 출퇴근 내역, 업무분장, 과거 성과평가 자료 및 징계·포상 내역 등 증거자료는 최대한 수집한다. 진술 과정에서도 본인의 주장을 입증할만한 증거가 있는지 질문하고 있다면 증거를 제출해달라고 요구한다.

3. 비밀유지 등 서약서를 받아둔다

본격적인 인터뷰에 앞서 비밀유지 의무가 있음을 고지하고, 비밀유지서약서를 받아 2차 피해를 방지한다. 근로기준법에서는 직장 내 괴롭힘 조사과정에 참여한 사람은 물론, 조사한 사람, 조사 내용을 보고받은 사람에 대해서도 조사과정에서 알게 된 비밀을 누설하지 못하도록 규정하고 있으므로 참고인, 행위자는 물론 조사위원과 인사위원들, 직장 내 괴롭힘 사건의 조사를 받는 인사담당 임원과 사업주 모두에게 비밀유지서약서를 받아야 한다.

조사 내용을 녹음하고자 할 때는 녹음에 대한 동의서도 받아야 한다. 조사 결과에 따라 행위자나 피해자가 조사위원이 인터뷰 중 상대방의 주장에 동조하는 표현을 했다며 문제 삼는 경우도 있기에 가능하면 인터뷰 과정을 녹음하는 것이 좋다.

4. 질문과 답변

인터뷰 전에 사실관계 확인을 위한 구체적인 질문목록을 준비한다. 인터뷰 중에 조사대상자의 진술에 따라 질문의 방향이 달라질 수 있으나 이 경우에도 다음 원칙을 염두에 두어 객관적 입장에서 구체적인 사실관계를 있는 그대로 파악할 수 있도록 노력한다.

Do

- 조사는 있었던 사실을 객관적으로 확인하는 과정을 인식하고 질문한다.
- 대답하기 쉬운 질문부터 한다.
- 사건과 관련된 진술의 육하원칙이 정확하게 나타나도록 질문한다.
- 괴롭힘 행위에 대해서는 일시와 장소를 되도록 특정하고, 있었던 일을 최대한 구체화시킨다.
- 닫힌 질문보다는 열린 질문을 하여 맥락을 풍부하고 구체적으로 설명할 수 있도록 한다.

Don't

- 사건 당시 피해자가 느낀 감정이나 어려움을 제외하고, 참고인이나 행위자에게는 직장 내 괴롭힘 판단이나 생각에 대한 질문은 하지 않는다.
- 직장 내 괴롭힘 인정 여부, 이후 조치 결과 등에 대해 단정적으로 판단하거나 표현하지 않도록 주의한다.

5. 진술자에게 진술서 내용을 확인받는다

조사과정에서 미진한 부분이 있을 경우 다시 진술을 부탁할 수 있음을 설명하고, 인터뷰 내용을 작성한 진술서를 조사 대상자에게 보여주고 서명을 받는다. 이를 통해 본인이 진술한 대로 작성되었음을 확인시켜 공정성을 확보할 수 있으며, 동시에 진술 내용을 번복하는 경우를 방지할 수 있다. 행위자가 날인을 거부하는 경우에는 날인 거부라고 표기하고 그 이유도 기재해둔다.

11
조사에서는
어떤 질문을 해야 할까?

왕꼼꼼(감사팀장)

조사할 때는 어떤 질문을 해야 하나요? 혹시나 하지 말아야 하는 질문도 있는지 궁금하고요.

 한선희(노무사/조사위원)

신고서를 바탕으로 사실을 확인할 수 있도록 육하원칙에 따라 질문하시면 됩니다. 네 또는 아니요로 답할 수 있는 닫힌 질문보다는 열린 질문으로 하는 것이 좋습니다. 문답서를 만들어서 조사 전에 공유하도록 하겠습니다.
아직 확인된 사실이 없는 만큼, 직장 내 괴롭힘으로 인정할 수 있겠다거나 그렇게 보기 어렵다는 등 결과를 암시하는 발언은 하시면 안 됩니다. 또, 합의를 유도하는 발언도 금지입니다. 같은 직장 동료로서 안타까운 마음에 원만한 해결을 유도하기 위해 그런 발언을 하는 경우도 있는데, 매우 적절치 못한 발언입니다.

왕꼼꼼(감사팀장)

잘 알겠습니다. 노무사님과 함께 조사하게 되어 정말 든든하네요.

조사위원, 내부위원 1인(왕꼼꼼 감사팀장), 외부위원 1인(한선희 노무사)은 본격적인 조사에 앞서 사전 미팅하고 제출된 자료를 가지고 신고자, 참고인, 피신고자 별로 질문지를 작성했다.

인사팀의 업무일지

일자	내용
2023.7.3.월 (D+1)	– 사내 이메일로 직장 내 괴롭힘 신고 내용 확인 　(신고자 : 이신고 대리)
	– 신고자와 피신고자가 신고 대상자에 해당하는지 확인 – 인사팀장에게 해당 신고 건에 대한 구두 보고 – 인사팀장은 신고 내용에 대해 대표이사 보고
2023.7.4.화 (D+2)	– 상담일지 작성 – 상담보고서 작성 후, 인사팀장 및 대표이사 보고 – 본인, 인사팀장, 대표이사에 대한 비밀유지서약서 징구
2023.7.5.수 (D+3)	– 신고자에 보호조치 실시(재택근무 실시)
2023.7.6.목 (D+4)	– 약식 조사 실시 – 자문노무사 질의
2023.7.7.금 (D+5)	– 행위자와 합의 진행(거부)
2023.7.10.월 (D+8)	– 신고자의 의사 확인결과 정식 조사 요청
	– 조사 계획 수립
2023.7.12.수 (D+10)	– 조사위원회 구성 완료(내부 1명, 외부 1명)
2023.7.14.금 (D+12)	– 조사위원회 사전회의 – 비밀유지서약서 등 준비 – 조사일정 통보 – 조사대상별 문답서 준비

📑 깊이 알아보기 조사 시 질문 내용

조사는 신고자 → 피해자(신고자와 피해자가 동일할 경우 생략) → 참고인 → 행위자의 순서로 진행한다. 신고자, 피해자, 참고인과 먼저 인터뷰를 하여 직장 내 괴롭힘 사건 당시를 구체적으로 파악한 후 일치하는 진술을 취합하고, 이를 바탕으로 행위자에게 질문함으로써 그에 대한 행위자의 입증이나 진술을 받는 것이 사실관계를 더 정확하게 파악할 수 있기 때문이다. 행위자와 인터뷰 과정에서 확인이 필요한 사안이 드러나면 다시 관련 참고인을 지정해서 인터뷰를 실시할 수 있다.

다음 질문 목록을 참고해서 질문하되, 조사대상자의 말이나 표현이 이해되지 않거나 정확하지 않을 때는 정확한 뜻을 묻거나 다시 진술해달라고 요구해서 명확하게 사실관계를 파악해야 한다. 또한 질문에 대한 답이 완료되면 중간중간 그 답을 요약, 확인하며 진술의 정확성을 높이도록 노력한다.

1. 신고자와 피해자가 동일한 경우, 어떤 질문을 해야 할까?

- 언제, 어디에서 있었던 일인가요?
- 사건이 발생한 상황을 자세히 말씀해주세요.
- 그때 어떻게 대응했는지 설명해주세요.
- 행위자가 그렇게 발언 또는 행동한 이유가 무엇일까요?
- 그 상황을 목격한, 또는 알고 있는 동료가 있나요?
- 사건으로 인해 어떤 문제를 겪고 있나요?
- 과거에도 비슷한 일이 있었나요?
- 피해 행위를 입증할 수 있는 자료가 있나요?

87

- 사건이 어떻게 처리되길 원하시나요?
- 추가로 하고 싶은 말이 있나요?

2. 참고인에게는 어떤 질문을 해야 할까?

- 신고자 또는 행위자와 언제부터 같이 일하셨나요?
- 신고자 또는 행위자와 어떤 관계인가요?
- 언제부터 사건 현장에 있었나요?
- 사건 당시에 참고인이 보거나 들은 상황은 무엇인가요?
- 신고자 또는 행위자에게 사건과 관련한 이야기를 들은 적이 있나요?
- 비슷한 상황이 과거에도 발생한 적이 있나요?
- 혹시 질문드린 사항 외에도 조사자가 추가로 알고 있어야 하는 사항이 있을까요?

3. 피신고자에게는 어떤 질문을 해야 할까?

- 직장 내 괴롭힘으로 여겨질 만한 행동을 한 적이 있나요?
- 사건이 발생한 상황을 최대한 구체적으로 설명해주세요.
- 당시 그러한 발언 또는 행동을 한 이유가 무엇인가요?
- 소속 부서의 직원은 몇 명인가요?
- 당신의 입장을 설명해줄 관련자가 있나요?
- 추가로 하고 싶은 말이 있나요?

원 포인트 One Point

☑ 조사는 신고자 또는 피해자 → 참고인 → 행위자 순으로 진행
☑ 정확한 사실관계 파악 필요

단계별 체크리스트

1. 접수
☐ 누구든지 신고를 할 수 있도록 다양한 창구를 운영하고 있다.

☐ 신고되지 않은 괴롭힘이라도 회사가 인지하면 사건을 처리하고 있다.

☐ 금지하는 괴롭힘 행위 및 사건처리 절차는 구체적으로 규정되어 있다.

☐ 예방 및 처리에 관한 사항을 구성원들이 항상 인지할 수 있도록 게시하고, 정기적으로 안내하고 있다.

2. 상담
☐ 신고자가 편안하게 상담할 수 있는 장소에서 상담을 진행했다.

☐ 신고자가 느꼈던 감정과 피해를 확인하기 위해 적극적으로 경청했다.

☐ 신고자에게 사내 사건처리 절차를 설명했다.

☐ 신고자가 원하는 행위자에 대한 조치를 확인했다.

☐ 상담 이후부터 사건종결 단계까지 피해자 보호조치를 취했다.

☐ 상담자는 비밀유지 의무를 알고 있으며 관련 서약서를 작성했다.

3. 조사
① 조사준비
☐ 조사위원회 등 조사를 공정하게 진행할 임시기구를 구성했다.

☐ 조사의 전문성을 확보하기 위해서 외부 전문가나 노동조합/근로자 대표를 참여시켰다.

☐ 성차별적 괴롭힘/성희롱 복합 사건의 경우 한 성이 60%를 초과하지 않는다.

☐ 신고된 사건 조사에서 쟁점이 되는 부분을 확인했다.

☐ 조사 시작 전 조사할 대상자를 확정했다.

☐ 조사 전 비밀유지서약서 등 관련 서식을 준비했다.

② 사실관계 확인(인터뷰)
〈신고자〉

☐ 신고자에 대한 조사는 피해자가 불편함을 느끼지 않도록 진행되었다.

☐ 신고자 조사를 통해 행위의 증거 및 증인을 충분히 확보했다.

☐ 신고자가 경험한 감정적 고통에 대해 구체적으로 들었다.

☐ 신고자가 원하는 해결방법에 대해 경청하고, 요구안을 구체화했다.

☐ 조사단계에서 신고자에게 필요한 보호조치를 실행했다.

☐ 진술서를 확인하게 하고, 서명을 받았다.

〈참고인〉

☐ 참고인은 피해자/행위자와 특수관계가 없는 사람이다.

☐ 참고인은 피해자/행위자와 함께 일하며, 해당 사건을 직접 목격한 사람이다.

☐ 참고인의 수는 피해자/행위자 입장을 고려해 균형 있게 정했다.

☐ 참고인은 육하원칙에 따라 구체적으로 진술했다.

☐ 참고인에게 비밀유지 서약을 받고 2차 피해에 대해 설명했다.

☐ 참고인의 진술서를 확인하게 하고, 서명을 받았다.

〈행위자〉

☐ 행위자에 대한 조사는 행위자가 불편함을 느끼지 않도록 진행되었다.

☐ 행위자가 인정한 괴롭힘에 대해서 구체적으로 들었다.

☐ 행위자가 인정하지 않는 괴롭힘 사안에 대해 불필요한 정보를 주지 않았다.

☐ 행위자에게 비밀유지 서약을 받고 2차 피해에 대해 설명했다.

☐ 행위자의 진술서를 확인하게 하고, 서명을 받았다.

③ 보고서 작성

☐ 직장 내 괴롭힘 판단기준에 관한 내용이 정확하게 기술되어 있다.

☐ 사실관계에 대한 당사자의 진술이 다른 경우, 구체적인 차이점이 기술되어 있고 정황증거나 간접증거에 대한 내용이 충분히 반영되어 있다.

☐ 사실관계와 조사자 의견은 분명히 구분되어 있다.

4. 심의·의결/조치

☐ 인사·징계위원회는 규정에 맞게 구성, 진행되었다.

☐ 외부전문가를 참여시키거나 의견을 반영해 양정 범위를 정했다.

☐ 절차에 따라 당사자에게 충분한 발언 기회를 주었다.

☐ 행위자 처분에 대한 피해자의 의견을 들었다.

5. 모니터링

☐ 피해자에 대한 보호조치, 재발 방지 대책이 이루어진다.

☐ 전 직원을 대상으로 직장 내 괴롭힘 예방 교육이 이루어졌다.

12
정식 조사 진행 시,
대면조사는 어떻게 하면 될까?

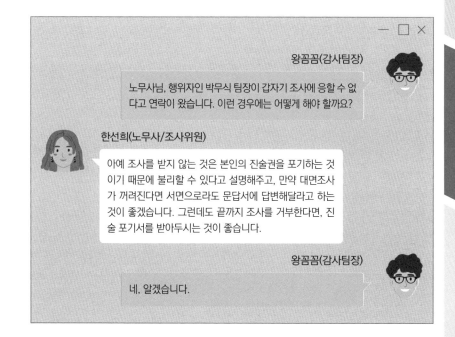

— □ ×

왕꼼꼼(감사팀장)

노무사님, 행위자인 박무식 팀장이 갑자기 조사에 응할 수 없다고 연락이 왔습니다. 이런 경우에는 어떻게 해야 할까요?

한선희(노무사/조사위원)

아예 조사를 받지 않는 것은 본인의 진술권을 포기하는 것이기 때문에 불리할 수 있다고 설명해주고, 만약 대면조사가 꺼려진다면 서면으로라도 문답서에 답변해달라고 하는 것이 좋겠습니다. 그런데도 끝까지 조사를 거부한다면, 진술 포기서를 받아두시는 것이 좋습니다.

왕꼼꼼(감사팀장)

네, 알겠습니다.

박무식 팀장은 결국 대면조사에 응하기로 했다. 이에 신고자/피해자 및 참고인, 피신고자에 대해서는 정해진 일정에 따라 대면조사가 이루어졌다. 조사는 상담과 마찬가지로 오픈된 공간을 피해 상담실에서 이

인사팀의 업무일지

일자	내용
2023.7.3.월 (D+1)	– 사내 이메일로 직장 내 괴롭힘 신고 내용 확인 (신고자 : 이신고 대리)
	– 신고자와 피신고자가 신고 대상자에 해당하는지 확인 – 인사팀장에게 해당 신고 건에 대한 구두 보고 – 인사팀장은 신고 내용에 대해 대표이사 보고
2023.7.4.화 (D+2)	– 상담일지 작성 – 상담보고서 작성 후, 인사팀장 및 대표이사 보고 – 본인, 인사팀장, 대표이사에 대한 비밀유지서약서 징구
2023.7.5.수 (D+3)	– 신고자에 보호조치 실시(재택근무 실시)
2023.7.6.목 (D+4)	– 약식 조사 실시 – 자문노무사 질의
2023.7.7.금 (D+5)	– 행위자와 합의 진행(거부)
2023.7.10.월 (D+8)	– 신고자의 의사 확인결과 정식 조사 요청
	– 조사 계획 수립
2023.7.12.수 (D+10)	– 조사위원회 구성 완료(내부 1명, 외부 1명)
2023.7.14.금 (D+12)	– 조사위원회 사전회의 – 비밀유지서약서 등 준비 – 조사일정 통보 – 조사대상별 문답서 준비
2023.7.17.월 (D+15)	– 조사대상자별 문답서 준비
2023.7.18.화 (D+16)	– 피신고자 조사 거부 → 조사 거부에 대한 불이익 통보
2023.7.19.수 (D+17)	– 신고자, 참고인 대면조사
2023.7.20.목 (D+18)	– 피신고자 대면조사 – 추가 입증자료 취합 및 공유

루어졌으며, 조사 대상자 전원에 대해서는 비밀유지서약서를 받았다.

본격적인 조사 전 조사 대상자들에게 녹음에 대해 안내하고 조사 과정에 대한 녹음동의서 및 개인정보 제공에 대한 동의서를 받았다.

📒 깊이 알아보기 대면조사 진행

1. 인터뷰(대면조사)는 어떤 순서로 진행해야 할까?

신고자(피해자) → 참고인 → 피신고자(행위자)

2. 대면조사는 누가 실시할까?

일반적으로 직장 내 괴롭힘의 사내 신고 건에 대한 조사는 인사팀, 감사팀 등에서 진행한다. 조사의 공정성 및 전문성, 신뢰성 확보를 위해 외부 전문가가 참여한 조사위원회 구성을 하는 편이다.

3. 피신고자가 대면조사를 거부할 때는?

인터뷰 대상자의 대면조사가 원칙이나, 특히 피신고자가 대면조사 거부 시 부득이하게 서면 조사로 진행한다. 다만 서면 조사 시 대면조사보다 피신고자의 소명 한계가 있으므로 미리 고지한다.

서면 조사조차 거부할 경우 조사 불응 등 명령 거부에 대한 불이익이 있을 수 있음을 고지하고, 진술포기서를 받아두는 것이 좋다.

회사는 내부 규정을 통해 조사 거부 관련 제재 조치에 대해 미리 규정해놓을 필요가 있다.

4. 인터뷰에서 확인할 내용은?

① 인적사항, 당사자 관계
② 사건의 경위
③ 직장 내 괴롭힘 행위의 구체적인 내용
④ 피해자의 신체적, 정신적 피해 정도
⑤ 피해자 요청사항(조사과정, 괴롭힘 인정 후)
⑥ 증거 검증

5. 인터뷰에서 유의해야할 사항은?

조사자는 편견이나 선입견을 가지 않고 조사를 진행해야 하며, 개인적인 의견이나 감정 표현은 하지 않아야 한다. 또한 사실관계를 확인하는 데 포인트를 두어 진행해야 한다.

6. 비밀유지서약서는 반드시 받아야 한다

근로기준법 제76조의 3(직장 내 괴롭힘 발생 시 조치)에 따라 직장 내 괴롭힘 발생 사실을 조사한 사람, 조사 내용을 보고받은 사람 및 그 밖에 조사 과정에 참여한 사람은 해당 조사 과정에서 알게 된 비밀을 피해근로자 등의 의사에 반해 다른 사람에게 누설해서는 안 된다.

따라서 인터뷰 개시 전 비밀유지서약서를 작성하고, 해당 인터뷰 내용의 보안 유지, 외부에 공개 금지, 서약서 위반 시 책임사항 등을 포함해서 작성한다.

☺ 원 포인트 One Point

☑ 서면조사보다는 대면조사 실시 원칙
☑ 비밀유지서약서 징구

근로기준법

제76조의 3(직장 내 괴롭힘 발생 시 조치)

① 누구든지 직장 내 괴롭힘 발생 사실을 알게 된 경우 그 사실을 사용자에게 신고할 수 있다.

② 사용자는 제1항에 따른 신고를 접수하거나 직장 내 괴롭힘 발생 사실을 인지한 경우에는 지체 없이 당사자 등을 대상으로 그 사실 확인을 위하여 객관적으로 조사를 실시하여야 한다. 〈개정 2021. 4. 13.〉

③ 사용자는 제2항에 따른 조사 기간 동안 직장 내 괴롭힘과 관련하여 피해를 입은 근로자 또는 피해를 입었다고 주장하는 근로자(이하 '피해근로자 등'이라 한다)를 보호하기 위하여 필요한 경우 해당 피해근로자 등에 대하여 근무장소의 변경, 유급휴가 명령 등 적절한 조치를 하여야 한다. 이 경우 사용자는 피해근로자 등의 의사에 반하는 조치를 하여서는 아니 된다.

④ 사용자는 제2항에 따른 조사 결과 직장 내 괴롭힘 발생 사실이 확인된 때에는 피해근로자가 요청하면 근무장소의 변경, 배치전환, 유급휴가 명령 등 적절한 조치를 하여야 한다.

⑤ 사용자는 제2항에 따른 조사 결과 직장 내 괴롭힘 발생 사실이 확인된 때에는 지체 없이 행위자에 대하여 징계, 근무장소의 변경 등 필요한 조치를 하여야 한다. 이 경우 사용자는 징계 등의 조치를 하기 전에 그 조치에 대하여 피해근로자의 의견을 들어야 한다.

⑥ 사용자는 직장 내 괴롭힘 발생 사실을 신고한 근로자 및 피해근로자 등에게 해고나 그 밖의 불리한 처우를 하여서는 아니 된다.

⑦ 제2항에 따라 직장 내 괴롭힘 발생 사실을 조사한 사람, 조사 내용을 보고받은 사람 및 그 밖에 조사 과정에 참여한 사람은 해당 조사 과정에서 알게 된 비밀을 피해근로자 등의 의사에 반하여 다른 사람에게 누설하여서는 아니 된다. 다만, 조사와 관련된 내용을 사용자에게 보고하거나 관계 기관의 요청에 따라 필요한 정보를 제공하는 경우는 제외한다.

13
정식 조사 진행 시,
어떤 입증자료가 필요할까?

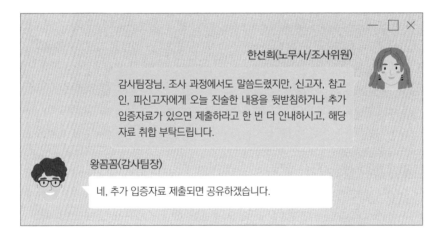

한선희(노무사/조사위원)

감사팀장님, 조사 과정에서도 말씀드렸지만, 신고자, 참고인, 피신고자에게 오늘 진술한 내용을 뒷받침하거나 추가 입증자료가 있으면 제출하라고 한 번 더 안내하시고, 해당 자료 취합 부탁드립니다.

왕꼼꼼(감사팀장)

네, 추가 입증자료 제출되면 공유하겠습니다.

　　조사위원들은 신고서, 취업규칙, 조직도, 조사대상자들의 인사카드, 좌석배치도 등 기본적인 자료를 확인하고 조사에 임했으며, 조사가 끝난 뒤에도 신고자 및 참고인의 진술이 사실인지 확인할 수 있도록 이메일, 녹음파일, 수첩 등의 자료를 요구했다.

인사팀의 업무일지

일자	내용
2023.7.3.월 (D+1)	– 사내 이메일로 직장 내 괴롭힘 신고 내용 확인 　(신고자 : 이신고 대리)
	– 신고자와 피신고자가 신고 대상자에 해당하는지 확인 – 인사팀장에게 해당 신고 건에 대한 구두 보고 – 인사팀장은 신고 내용에 대해 대표이사 보고
2023.7.4.화 (D+2)	– 상담일지 작성 – 상담보고서 작성 후, 인사팀장 및 대표이사 보고 – 본인, 인사팀장, 대표이사에 대한 비밀유지서약서 징구
2023.7.5.수 (D+3)	– 신고자에 보호조치 실시(재택근무 실시)
2023.7.6.목 (D+4)	– 약식 조사 실시 – 자문노무사 질의
2023.7.7.금 (D+5)	– 행위자와 합의 진행(거부)
2023.7.10.월 (D+8)	– 신고자의 의사 확인결과 정식 조사 요청
	– 조사 계획 수립
2023.7.12.수 (D+10)	– 조사위원회 구성 완료(내부 1명, 외부 1명)
2023.7.14.금 (D+12)	– 조사위원회 사전회의 – 비밀유지서약서 등 준비 – 조사일정 통보 – 조사대상별 문답서 준비
2023.7.17.월 (D+15)	– 조사대상자별 문답서 준비
2023.7.18.화 (D+16)	– 피신고자 조사 거부 → 조사 거부에 대한 불이익 통보
2023.7.19.수 (D+17)	– 신고자, 참고인 대면조사
2023.7.20.목 (D+18)	– 피신고자 대면조사 – 추가 입증자료 취합 및 공유

1. 회사 관련 서류
- 근로계약서, 취업규칙 등 회사 규정
- 직장 내 괴롭힘 관련 회사의 정책 내용 및 공지사항
- 조직도, 좌석배치도, 업무분장표 등

2. 대상자
- 과거 3개년 평가
- 포상 및 징계이력 등

3. 사건 관련 증거 수집
- 사건 당사자, 참고인의 이메일, 문자메시지, 일기, 수첩
- 녹음파일
- 근태 관련 이슈일 경우 근태 내역 등

💡 **원 포인트 One Point**

☑ 최대한 다양한 증거자료 확보

14
정식 조사 진행 시,
조사보고서는 어떻게 작성할까?

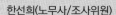

한선희(노무사/조사위원)

유인사 팀장님, 여기 조사보고서입니다. 신고자가 제출한 녹취파일과 동료의 진술 등을 근거로 판단했을 때, 비록 피신고자가 괴롭힐 의도가 없었다고 하더라도 직장 내 괴롭힘이 성립한다는 것이 조사위원회의 의견입니다.

유인사(인사팀장)

네, 고생 많으셨습니다. 제출된 보고서를 가지고 직장 내 괴롭힘 심의위원회에 회부해서 최종 판단해보도록 하겠습니다. 한선희 노무사님과 왕꼼꼼 감사팀장님은 직장 내 괴롭힘 심의위원회에 참석하셔서 조사결과 보고를 해주시기 바랍니다.

조사위원들은 신고자/피해자가 제출한 녹취파일 등의 입증자료, 참고인들의 진술 및 피신고자의 주장 등을 모두 검토했다. 최종적으로 직장 내 괴롭힘 보고서를 작성하고, 해당 여부에 대한 의견을 제시했다.

인사팀의 업무일지

일자	내용
2023.7.3.월 (D+1)	– 사내 이메일로 직장 내 괴롭힘 신고 내용 확인 (신고자 : 이신고 대리)
	– 신고자와 피신고자가 신고 대상자에 해당하는지 확인 – 인사팀장에게 해당 신고 건에 대한 구두 보고 – 인사팀장은 신고 내용에 대해 대표이사 보고
2023.7.4.화 (D+2)	– 상담일지 작성 – 상담보고서 작성 후, 인사팀장 및 대표이사 보고 – 본인, 인사팀장, 대표이사에 대한 비밀유지서약서 징구
2023.7.5.수 (D+3)	– 신고자에 보호조치 실시(재택근무 실시)
2023.7.6.목 (D+4)	– 약식 조사 실시 – 자문노무사 질의
2023.7.7.금 (D+5)	– 행위자와 합의 진행(거부)
2023.7.10.월 (D+8)	– 신고자의 의사 확인결과 정식 조사 요청
	– 조사 계획 수립
2023.7.12.수 (D+10)	– 조사위원회 구성 완료(내부 1명, 외부 1명)
2023.7.14.금 (D+12)	– 조사위원회 사전회의 – 비밀유지서약서 등 준비 – 조사일정 통보 – 조사대상별 문답서 준비
2023.7.17.월 (D+15)	– 조사대상자별 문답서 준비
2023.7.18.화 (D+16)	– 피신고자 조사 거부 → 조사 거부에 대한 불이익 통보
2023.7.19.수 (D+17)	– 신고자, 참고인 대면조사
2023.7.20.목 (D+18)	– 피신고자 대면조사 – 추가 입증자료 취합 및 공유
2023.7.24.월 (D+22)	– 추가 입증자료 취합 및 공유
2023.7.27.목 (D+25)	– 조사보고서 작성 및 제출

깊이 알아보기 조사보고서 작성 요령

1. 조사보고서는 직장 내 괴롭힘 행위의 사실관계를 정리하고, 직장 내 괴롭힘 해당 여부 판단이 가능하도록 작성되어야 한다.

2. 조사보고서상 다음의 사항이 필수적으로 포함되어야 한다.

〈조사보고서 필수항목〉

① 조사 개요 및 사건 개요 : 조사자, 조사기간, 조사목적, 조사장소 등

② 사실관계 조사 내용 : 사건과 관련한 구체적인 조사 내용, 참고인 및 당사자 주장

③ 조사 결과 : 직장 내 괴롭힘 성립요건에 근간을 둔 판단결과 및 근거

④ 조치 내용 결과 보고 : 피해자에 대한 보호 조치내용, 행위자에 대한 징계 및 조치내용, 개선지도사항

즉, 조사보고서 작성 시, 직접증거와 정황증거를 제시하고, 증거의 신뢰성에 대한 조사자(위원회)의 의견을 반영하며, 해당 행위가 직장 내 괴롭힘인지 여부 및 그 괴롭힘의 경중 및 적정한 제재 수준 등에 관한 조사자(위원회)의 의견도 기재해야 한다.

3. 또한 직장 내 괴롭힘 인정 시 행위자 조치에 대한 신고자의 의견을 들어 그 결과를 첨부할 필요가 있다.

4. 간혹 신고자, 행위자가 조사보고서 열람 내지는 교부를 요구하는 경우가 있다. 조사보고서 열람 및 교부에 대해 특별히 정해진 바

는 없으나 조사보고서에는 양 당사자의 주장 뿐만 아니라 참고인, 목격자 등의 진술 및 제출자료 등이 포함되기에 신고자, 행위자가 조사보고서를 확인하게 되면, 참고인과 신고자, 행위자 간의 추가적인 갈등이나 다툼이 발생할 수 있다. 따라서 조사보고서 열람 및 교부는 지양하고, 직장 내 심의위원회 결과 통지 시 결과통지서에 간략하게 판단의 이유, 판단의 근거 등을 명시하는 것이 적절하다.

관련 법령

근로기준법
제76조의 3(직장 내 괴롭힘 발생 시 조치)
① 누구든지 직장 내 괴롭힘 발생 사실을 알게 된 경우 그 사실을 사용자에게 신고할 수 있다.
② 사용자는 제1항에 따른 신고를 접수하거나 직장 내 괴롭힘 발생 사실을 인지한 경우에는 지체 없이 당사자 등을 대상으로 그 사실 확인을 위하여 객관적으로 조사를 실시하여야 한다.

원 포인트 One Point

☑ 조사보고서상 신고에 대한 사실관계 확인, 직장 내 괴롭힘 해당 여부 판단 포함
☑ 행위자 조치 관련 피해자의 의견 첨부 필요
☑ 당사자에게 조사보고서를 교부하거나 열람하게 하는 행위는 지양

15
직장 내 괴롭힘
심의위원회 구성 및 운영은?

유인사(인사팀장)

대표님, 직장 내 괴롭힘 건에 대한 결과보고입니다. 조사위
원들은 직장 내 괴롭힘에 해당한다는 의견을 제시했습니다.

대표이사

그렇다면 그다음에 취해야 할 절차는 무엇인지요?

유인사(인사팀장)

조사위원들의 의견만을 가지고 징계위원회에 회부할 수도
있지만, 고용노동부 매뉴얼상에서는 객관적이고 공정한 판
단을 위해서 직장 내 괴롭힘 심의위원회에서 한 번 더 심의
를 하도록 권고하고 있습니다.

대표이사

우리 회사 첫 직장 내 괴롭힘 사례인 만큼 철저하게 진행하
는 것이 좋을 거 같으니 직장 내 괴롭힘 심의위원회를 개최
하도록 합시다.

유인사 팀장은 객관적이고 공정한 판단을 위해 직장 내 괴롭힘 심의위원회 구성은 내부인사 3인과 외부인사 2인으로 하기로 했다. 내부인사는 인사담당 상무, 재무담당 상무, 노사협의회 근로자위원으로 했고, 외부인사는 공인노무사와 동종업계의 타사 감사팀장을 선임했다.

인사팀의 업무일지

일자	내용
2023.7.3.월 (D+1)	- 사내 이메일로 직장 내 괴롭힘 신고 내용 확인 　(신고자 : 이신고 대리)
	- 신고자와 피신고자가 신고 대상자에 해당하는지 확인 - 인사팀장에게 해당 신고 건에 대한 구두 보고 - 인사팀장은 신고 내용에 대해 대표이사 보고
2023.7.4.화 (D+2)	- 상담일지 작성 - 상담보고서 작성 후, 인사팀장 및 대표이사 보고 - 본인, 인사팀장, 대표이사에 대한 비밀유지서약서 징구
2023.7.5.수 (D+3)	- 신고자에 보호조치 실시(재택근무 실시)
2023.7.6.목 (D+4)	- 약식 조사 실시 - 자문노무사 질의
2023.7.7.금 (D+5)	- 행위자와 합의 진행(거부)
2023.7.10.월 (D+8)	- 신고자의 의사 확인결과 정식 조사 요청
	- 조사 계획 수립
2023.7.12.수 (D+10)	- 조사위원회 구성 완료(내부 1명, 외부 1명)
2023.7.14.금 (D+12)	- 조사위원회 사전회의 - 비밀유지서약서 등 준비 - 조사일정 통보 - 조사대상별 문답서 준비

2023.7.17.월 (D+15)	– 조사대상자별 문답서 준비
2023.7.18.화 (D+16)	– 피신고자 조사 거부 → 조사 거부에 대한 불이익 통보
2023.7.19.수 (D+17)	– 신고자, 참고인 대면조사
2023.7.20.목 (D+18)	– 피신고자 대면조사 – 추가 입증자료 취합 및 공유
2023.7.24.월 (D+22)	– 추가 입증자료 취합 및 공유
2023.7.27.목 (D+25)	– 조사보고서 작성 및 제출
2023.7.28.금 (D+26)	– 직장 내 괴롭힘 심의위원회 구성

 원 포인트 One Point

☑ 공정성 확보를 위해 내외부 위원의 전문성, 성비 등을 고려해서 선정

📖 깊이 알아보기 심의위원회 구성 및 운영

고용노동부에서는 정식조사로 나아간 경우 이상적으로는 심의위원회를 통해 직장 내 괴롭힘 인정 여부를 판단하도록 권고한다. 물론 사업장 규모가 크지 않은 경우에는 인사위원회에서 직장 내 괴롭힘 인정 여부를 판단하고 행위자에 대한 조치를 의결하는 것도 가능하다.

1. 심의위원회는 어떻게 구성해야 할까?

직장 내 성희롱에 관한 고충심의위원회가 이미 구성되어 있는 사업장이라면 해당 위원회에서 괴롭힘 사건도 처리할 수 있을 것이다. 성희롱에 관한 고충심의위원회 구성에 대해 고용노동부와 여성가족부에서는 다음과 같이 권고하고 있다.

① 고용노동부 직장 내 성희롱 예방지침 가이드라인의 고충심의위원회 구성안
 - 인사담당임원, 노동조합 대표자, 고충담당자, 외부기관전문가로 구성
 - 하나의 성별이 60%를 초과하지 않도록 구성함.
② 여가부 성희롱·성폭력 예방지침 표준안의 고충심의위원회 구성안
 - 위원장을 포함하여 6명으로 구성
 - 위원은 남성 또는 여성의 비율이 전체 위원의 60%를 초과하지 않도록 함.
 - 위원 중 2명 이상을 외부 전문가들로 위촉

2. 심의위원회에서는 무엇을 판단하나?

심의위원회는 조사보고서를 바탕으로 사건의 경위, 판단근거 등에 대한 보고를 받아 다음의 사항을 결정한다.

1. 직장 내 괴롭힘 행위 여부 판단
2. 피해자에 대한 보호조치
3. 행위자에 대한 징계 등 조치 권고
4. 그 밖에 직장 내 괴롭힘 재발 방지에 관한 사항

16
직장 내 괴롭힘을
판단하는 기준은?

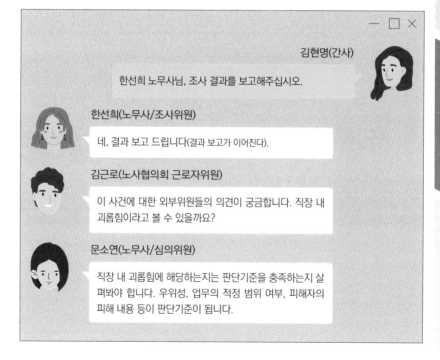

김현명(간사)

한선희 노무사님, 조사 결과를 보고해주십시오.

한선희(노무사/조사위원)

네, 결과 보고 드립니다(결과 보고가 이어진다).

김근로(노사협의회 근로자위원)

이 사건에 대한 외부위원들의 의견이 궁금합니다. 직장 내 괴롭힘이라고 볼 수 있을까요?

문소연(노무사/심의위원)

직장 내 괴롭힘에 해당하는지는 판단기준을 충족하는지 살펴봐야 합니다. 우위성, 업무의 적정 범위 여부, 피해자의 피해 내용 등이 판단기준이 됩니다.

직장 내 괴롭힘 심의위원회는 조사결과보고서를 바탕으로 이 사건이 직장 내 괴롭힘으로 볼 수 있을지에 대해 심의 의결하기로 한다. 조사 경험과 관련 지식이 풍부한 조사위원인 한선희 노무사가 해당 사항에 대해 설명하고, 각 요건을 충족하는지 살펴보기로 했다.

> **〈조사보고서 발췌〉**
> 피신고자(박무식 팀장)은 피해자(이신고 대리)에 대한 지위 및 관계상 우위성이 인정되며, 폭언, 부당한 업무지시는 업무상 적정범위를 넘은 행위로 판단됨. 특히 해당 행위가 지속·반복적으로 이뤄져 그 심각성이 높으며 이로 인해 피해자의 정신적 고통이 확인되는바, 피신고자의 피해자에 대한 행위는 직장 내 괴롭힘에 해당한다고 판단됨.

인사팀의 업무일지

일자	내용
2023.7.3.월 (D+1)	– 사내 이메일로 직장 내 괴롭힘 신고 내용 확인 　(신고자 : 이신고 대리)
	– 신고자와 피신고자가 신고 대상자에 해당하는지 확인 – 인사팀장에게 해당 신고 건에 대한 구두 보고 – 인사팀장은 신고 내용에 대해 대표이사 보고
2023.7.4.화 (D+2)	– 상담일지 작성 – 상담보고서 작성 후, 인사팀장 및 대표이사 보고 – 본인, 인사팀장, 대표이사에 대한 비밀유지서약서 징구
2023.7.5.수 (D+3)	– 신고자에 보호조치 실시(재택근무 실시)
2023.7.6.목 (D+4)	– 약식 조사 실시 – 자문노무사 질의
2023.7.7.금 (D+5)	– 행위자와 합의 진행(거부)
2023.7.10.월 (D+8)	– 신고자의 의사 확인결과 정식 조사 요청
	– 조사 계획 수립
2023.7.12.수 (D+10)	– 조사위원회 구성 완료(내부 1명, 외부 1명)

2023.7.14.금 (D+12)	– 조사위원회 사전회의 – 비밀유지서약서 등 준비 – 조사일정 통보 – 조사대상별 문답서 준비
2023.7.17.월 (D+15)	– 조사대상자별 문답서 준비
2023.7.18.화 (D+16)	– 피신고자 조사 거부 → 조사 거부에 대한 불이익 통보
2023.7.19.수 (D+17)	– 신고자, 참고인 대면조사
2023.7.20.목 (D+18)	– 피신고자 대면조사 – 추가 입증자료 취합 및 공유
2023.7.24.월 (D+22)	– 추가 입증자료 취합 및 공유
2023.7.27.목 (D+25)	– 조사보고서 작성 및 제출
2023.7.28.금 (D+26)	– 직장 내 괴롭힘 심의위원회 구성
2023.8.1.화 (D+30)	– 직장 내 괴롭힘 심의위원회 개최

깊이 알아보기 당사자와 행위장소

고용노동부 매뉴얼에서는 직장 내 괴롭힘의 판단요소로 행위자, 피해자, 행위장소와 행위요건으로 구분하고 있다. 행위자 또는 피해자는 근로기준법상 사용자 또는 근로자로 자세한 설명은 앞서 '03. 직장 내 괴롭힘은 누구나 신고할 수 있을까?'에 자세히 설명해두었다.

행위장소는 매우 폭넓게 인정하고 있다, 즉, 업무수행이 이루어지는 것이라면 사업장 안으로 국한될 필요 없이 출장지나 외근지도 될 수 있고, 나아가 회식이나 기업행사가 이루어지는 장소는 물론 사적인 공간이나 온라인상의 공간도 가능하다.

최근에는 특히 SNS, 사내 메신저 등 온라인상에서의 따돌림, 폭언 등의 직장 내 괴롭힘이 발생하는 경우가 있으니 유의할 필요가 있다.

🗐₊ 깊이 알아보기 3가지 행위 요건

1. 근로기준법상 직장 내 괴롭힘 개념

- 직장 내 괴롭힘은 사용자 또는 근로자가 직장에서의 지위 또는 관계 등의 우위를 이용해 업무상 적정 범위를 넘어 다른 근로자에게 신체적·정신적 고통을 주거나 근무환경을 악화시키는 행위에 해당한다.

2. 행위요건 : 다음 3가지 핵심 요소를 모두 충족해야 한다

① 직장에서의 지위 또는 관계 등의 우위를 이용할 것

② 업무상 적정범위를 넘을 것

- 업무 관련성 : 업무 수행 중에 발생했거나 업무 수행 중에 편승했거나 업무 수행을 빙자해서 발생했는지 여부
- 행위의 양상 : 해당 행위가 사회통념상 업무상 필요성에 인정되지는 여부, 업무상 필요성이 인정되어도 행위양상이 사회통념상 적절한지 여부

③ 신체적·정신적 고통을 주거나 근무환경을 악화시키는 행위일 것

- 행위자가 의도하지 않았을지라도 해당 행위로 인해 피해자가 신체적·정신적 고통을 받거나 근무환경이 악화되었는지 여부
- 근무환경 악화는 피해자가 업무 진행 시 능력을 발휘하는 데 지장을 주며, 일반 근로자가 업무를 수행하는 데 적절한 환경 조성이 아닌 경우

직장 내 괴롭힘 판단 3요소

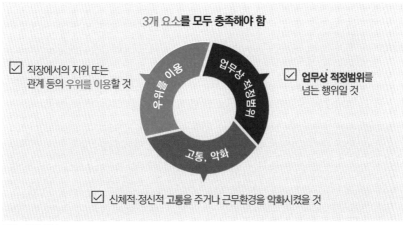

출처 : 저자 작성

3. 직장 내 괴롭힘의 종합적 판단

- 관련 판례(대법원 2018.4.12. 선고 2017두74702 판결)에 따라, 직장 내 괴롭힘은 당사자의 관계, 행위가 행해진 장소 및 상황, 행위에 대한 피해자의 명시적 또는 추정적인 반응의 내용, 행위의 내용 및 정도, 행위가 일회적 또는 단기간의 것인지 또는 계속적인지 여부 등의 구체적인 사정을 참작해서 종합적으로 판단해야 한다.

- 객관적으로 피해자와 같은 처지에 있는 일반적이고도 평균적인 사람의 입장에서 신체적 정신적 고통 또는 근무환경 악화가 발생할 수 있는 행위가 있다.
- 그로 인해 피해자에게 신체적·정신적 고통 또는 근무환경 악화의 결과가 발생했음이 인정되어야 한다.

윈 포인트 One Point

☑ 행위요건 : 다음 3가지 핵심 요소를 모두 충족해야 한다.
   ① 직장에서의 지위 또는 관계 등의 우위를 이용할 것
   ② 업무상 적정범위를 넘을 것
      – 업무 수행 관련성 : 업무 수행 중에 발생하였거나 업무 수행 중에 편승했거나 업무 수행을 빙자하여 발생하였는지 여부
      – 행위의 양상 : 업무상 필요성이 인정돼도 행위양상이 사회통념상 적절한지 여부
   ③ 신체적, 정신적 고통을 주거나 근무환경을 악화시키는 행위일 것

관련 법령

근로기준법
제76조의 2(직장 내 괴롭힘의 금지)
사용자 또는 근로자는 직장에서의 지위 또는 관계 등의 우위를 이용하여 업무상 적정범위를 넘어 다른 근로자에게 신체적·정신적 고통을 주거나 근무환경을 악화시키는 행위(이하 '직장 내 괴롭힘'이라 한다)를 하여서는 아니된다.

성희롱이 성립하기 위해서는 행위자에게 반드시 성적 동기나 의도가 있어야 하는 것은 아니지만, 당사자의 관계, 행위가 행해진 장소 및 상황, 행위에 대한 상대방의 명시적 또는 추정적인 반응의 내용, 행위의 내용 및 정도, 행위가 일회적 또는 단기간의 것인지 아니면 계속적인 것인지 여부 등의 구체적 사정을 참작하여 볼 때, 객관적으로 상대방과 같은 처지에 있는 일반적이고도 평균적인 사람으로 하여금 성적 굴욕감이나 혐오감을 느낄 수 있게 하는 행위가 있고, 그로 인하여 행위의 상대방이 성적 굴욕감이나 혐오감을 느꼈음이 인정되어야 한다.

(대법원 2018.4.12. 선고 2017두74702 판결)

17

직장 내 괴롭힘 판단 기준 ①
우위성

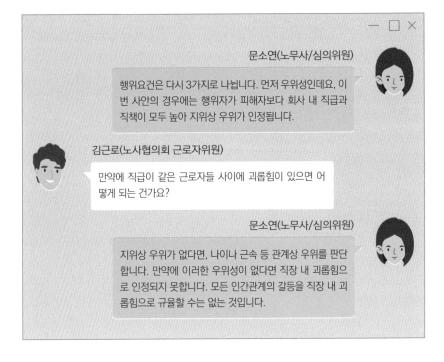

문소연(노무사/심의위원)

행위요건은 다시 3가지로 나뉩니다. 먼저 우위성인데요, 이번 사안의 경우에는 행위자가 피해자보다 회사 내 직급과 직책이 모두 높아 지위상 우위가 인정됩니다.

김근로(노사협의회 근로자위원)

만약에 직급이 같은 근로자들 사이에 괴롭힘이 있으면 어떻게 되는 건가요?

문소연(노무사/심의위원)

지위상 우위가 없다면, 나이나 근속 등 관계상 우위를 판단합니다. 만약에 이러한 우위성이 없다면 직장 내 괴롭힘으로 인정되지 못합니다. 모든 인간관계의 갈등을 직장 내 괴롭힘으로 규율할 수는 없는 것입니다.

직장 내 괴롭힘 심의위원회에서는 피해자와 행위자의 관계가 팀장과 팀원 사이에 발생한 사안이므로 직장 내 괴롭힘 성립요건 중 우위성의 요건에 부합한다고 판단했다.

깊이 알아보기 우위성

1. 우위성
- 우위성은 피해근로자가 저항 또는 거절하기 어려울 개연성이 높은 상태가 인정되어야 하며, 행위자가 이러한 상태를 이용해야 한다.

2. 지위의 우위
- 지위의 우위는 지휘명령 관계에서 상위에 있는 경우를 의미하나, 직접적인 지휘명령 관계에 있지 않더라도 기업 내 직위 또는 직급 체계상 상위에 있음을 이용한다면 지위의 우위성 인정이 가능하다.
- 사용자는 행위자인 경우 직장에서의 지위의 우위성이 인정될 수 있다.

3. 관계의 우위
- 관계의 우위는 실질적으로 사실상 우위를 점하고 있다고 판단되는 모든 관계가 포함될 수 있다. 즉, 주로 개인 대 집단과 같은 수적 측면, 연령·학벌·성별·출신 지역·인종 등 인적 속성, 근속연수·

전문지식 등 업무역량, 노동조합 등 근로자 조직 구성원 여부, 감사·인사부서 등 업무의 직장 내 영향력, 정규직 여부 등의 요소 등이 해당할 수 있다.

– 지위의 우위성에 비해 관계의 우위성은 상대적인 경우가 많아 행위자 또는 피해자 사이에 혹시 다르게 평가해야 할 특별한 사정이 있는지도 함께 검토할 필요도 있다.

4. 우위성의 이용

– 직장에서의 지위나 관계 등의 우위를 이용해서 행동한 것이 아니라면 직장 내 괴롭힘에 해당하지 않는다.

– 또한, 지위, 관계 중 여러 요소가 복합적으로 우위성을 형성할 수도 있으며 명확히 구분되지 않을 수도 있다.

참고 판례 📖

직장 내 성희롱을 방지하여야 할 지위에 있는 사업주나 사업주를 대신할 지위에 있는 자가 오히려 자신의 우월한 지위를 이용하여 성희롱을 하였다면, 그 피해자로서는 성희롱을 거부하거나 외부에 알릴 경우, 자신에게 가해질 명시적, 묵시적 고용상의 불이익을 두려워하여 성희롱을 감내할 가능성이 크다는 점을 감안할 때 이들의 성희롱은 더욱 엄격하게 취급되어야 한다.

(대법원 2008.7.10. 선고 2007두22498 판결)

💡 원 포인트 One Point

☑ 직장 내 지위 또는 관계 등에서 우위성이 인정되어야 직장 내 괴롭힘 성립

18
직장 내 괴롭힘 판단 기준 ②
업무상 적정범위를 넘는 행위

재무담당 상무(심의위원)

> 박무식 팀장은 이신고 대리가 그동안 워낙 실수가 많고 일을 잘하지 못해서, 지적하는 과정에서 그런 발언을 한 것 같다고 합니다. 이 경우도 업무상 적정범위를 넘었다고 봐야 하나요?

 문소연(노무사/심의위원)

> 물론 부하직원의 업무수행 능력에 문제가 있다면 상사로서 지적할 수 있습니다. 그런데 이번 사건처럼 인신공격에 가까운 말을 하는 것은 사회통념상 적절하다고 볼 수 없어 괴롭힘에 해당한다고 볼 수 있습니다.

직장 내 괴롭힘 심의위원회에서는 박무식 팀장의 발언은 사회통념을 벗어난 폭언이므로 직장 내 괴롭힘 성립요건 중 업무상 적정범위를 넘는 행위에 해당한다고 판단했다.

⊟ 깊이 알아보기 업무상 적정범위를 넘는 행위

1. 업무 관련성
- 직장 내 괴롭힘 사건을 접하다보면, 많은 분이 직장 내 괴롭힘은 조직 내 인간관계에서 발생하는 모든 갈등상황이 해당할 수 있다고 오해하는 경우가 많다.
- 직장 내 괴롭힘은 행위자와 피해자 간 우위성이 인정된다면 그다음으로 해당 행위의 업무 관련성 여부에 대해 검토할 필요가 있다.
- 업무 관련성은 '포괄적인 업무 관련성'에 해당할 것이나, 직접적인 업무수행 중에서 발생한 경우가 아니더라도 업무수행에 편승해서 이루어졌거나 업무수행을 빙자해 발생한 경우 업무 관련성 인정이 가능하다.

2. 업무상 적정범위를 넘는 것으로 인정되는 요인
① 사회통념에 비춰볼 때 업무상 그 행위의 필요성이 인정되지 않는 경우
② 업무상 필요성은 인정되더라도 그 행위 양태가 사회통념에 비춰 상당하지 않다고 인정되는 경우

업무상 지시, 주의·명령에 불만을 느끼는 경우라도 그 행위가 사회 통념상 업무상 필요성이 있다고 인정될 때는 직장 내 괴롭힘으로 인정하기는 곤란하다. 해당 지시나 주의·명령 행위의 양태가 폭행이나 과도한 폭언 등을 수반하는 등 사회 통념상 상당성이 없었다면 업무상 적정범위를 넘었다고 볼 수 있으므로 직장 내 괴롭힘에 해당할 수 있다.

또한, 문제 된 행위는 업무상 필요성이 인정되더라도 사업장 내 동종 유사 업무를 수행하는 근로자에 비해 합리적 이유 없이 대상 근로자에게 이루어진 것이라면 사회 통념적으로 상당하지 않은 행위라고 볼 수 있다.

참고 판례

'성희롱'을 정의한 구 남녀차별금지 및 구제에 관한 법률 제2조 제2호에서의 '지위를 이용하거나 업무 등과 관련하여'라는 요건은 포괄적인 업무 관련성을 나타낸 것으로서 업무수행의 기회나 업무수행에 편승하여 성적 언동이 이루어진 경우 뿐만 아니라 권한을 남용하거나 업무수행을 빙자하여 성적 언동을 한 경우도 이에 포함되고, 어떠한 성적 언동이 업무 관련성이 인정되는지 여부는 쌍방 당사자의 관계, 행위가 행해진 장소 및 상황, 행위의 내용 및 정도 등의 구체적 사정을 참작하여 판단하여야 한다.

(대법원 2006.12.21. 선고 2005두13414 판결)

원 포인트 One Point

☑ 업무 관련성이 있는 상황에서 발생한 일일 것
☑ 업무상 적정범위를 넘는 것으로 인정되기 위해서는,
   ① 그 행위가 사회통념에 비춰볼 때 업무상 필요성이 인정되지 않거나,
   ② 업무상 필요성은 인정되더라도 그 행위 양태가 사회통념에 비춰볼 때 상당하지 않다고 인정되어야 함.

19

직장 내 괴롭힘 판단 기준 ③
신체적, 정신적 고통 등

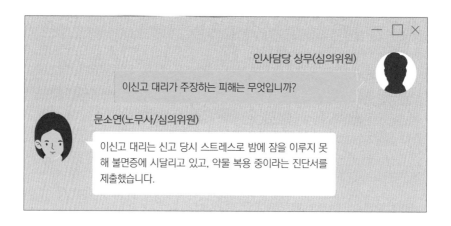

인사담당 상무(심의위원)

이신고 대리가 주장하는 피해는 무엇입니까?

문소연(노무사/심의위원)

이신고 대리는 신고 당시 스트레스로 밤에 잠을 이루지 못해 불면증에 시달리고 있고, 약물 복용 중이라는 진단서를 제출했습니다.

직장 내 괴롭힘 심의위원회에서는 이신고 대리가 정신적 피해를 입었으므로 직장 내 괴롭힘 성립요건 중 신체적, 정신적 고통 및 근무환경을 악화시키는 행위에 해당한다고 판단했다.

깊이 알아보기 신체적, 정신적 고통 등

1. 신체적 정신적 고통을 주는 행위일 것

- 직장 내 괴롭힘에 대해 일반적으로는 우울이나 불안과 같은 정신적 고통을 호소한다. 반드시 관련 진료기록이 있어야 하는 것은 아니고 피해자와 같은 처지의 일반적이고 평균적인 사람이 고통을 받을 만한 정도였다면 인정될 수 있다.

2. 근무환경을 악화시키는 행위일 것

- 근무환경 악화는 피해자가 업무를 하는 데 능력을 발휘하는 데 지장을 주는 것을 의미한다. 즉, 일반적으로 업무를 수행하는 데 적절한 환경을 조성해주지 않았다면 여기에 해당할 수 있다, 예를 들어, 근무공간을 복도나 창고 등 일반적이지 않은 곳으로 지정하거나 업무수행에 반드시 필요한 컴퓨터나 자재 등을 제공하지 않는 경우 근무환경 악화로 판단할 수 있다.

원 포인트 One Point

- ☑ 행위자의 의도는 고려대상 아님.
- ☑ 해당 행위로 인해 피해자가 신체적·정신적 고통을 받거나 근무환경이 악화되었는지 여부는 피해자와 같은 처지에 있는 일반적이고 평균적인 사람 기준으로 판단

20
직장 내 괴롭힘이 아닌 경우에는 어떻게 할까?

김현명(인사팀 차장)

노무사님, 지난번에 말씀드린 사건이요. 사후조치 관련해서 갑자기 궁금한 점이 생겨서 문의드립니다.

이하나(자문노무사)

네, 어떤 것이 궁금하신가요?

김현명(인사팀 차장)

직장 내 괴롭힘으로 인정되면 행위자에 대해 조치를 하면 될 텐데, 만약에 직장 내 괴롭힘이 아니라고 판단되면 어떻게 해야 하는지 궁금해서요.

이하나(자문노무사)

직장 내 괴롭힘이 아니라고 하더라도 직원이 괴로움을 호소한 만큼, 회사에서는 고충 처리 차원에서 해결하려는 노력을 기울이셔야 합니다. 신고자가 충분히 납득할 수 있도록 회사의 판단근거를 설명하시고, 내부 고충 처리 절차를 통해 문제를 해결할 수 있도록 처리하시면 됩니다.

김현명 차장은 직장 내 괴롭힘 심의위원회가 진행되는 동안 직장 내 괴롭힘 성립 여부에 따른 후속조치에 대해서 고민했고, 여러 가지 가능성에 대해 자문노무사와 상의했다.

🔲 깊이 알아보기 고충처리 또는 징계 진행

직장 내 괴롭힘 심의위원회 결과 직장 내 괴롭힘이 아니라고 판단한 경우라도, 양 당사자(신고인-피신고인)에게 결과통지를 해야 한다. 이때에는 판단 결과뿐만 아니라 판단의 근거, 판단 이유 등을 명시해 주는 것이 좋다.

또, 직장 내 괴롭힘이 아닌 경우라도 피해자의 고충에 대한 심도 있는 상담을 추가 진행하여 피해자가 희망하는 고충해소 방안을 모색해야 한다.

이때 선임된 고충처리위원이 있다면 이를 통하며, 그렇지 않은 경우에는 별도의 내부 고충처리절차를 통해 진행해야 한다.

원 포인트 One Point

- ☑ 양 당사자에게 결과 통지
- ☑ 피해자가 희망하는 고충해소 방안에 대한 추가 모색

21

직장 내 괴롭힘이 인정된 경우,
어떠한 조치를 할 수 있을까?

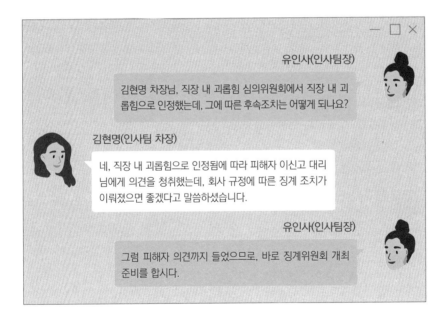

유인사(인사팀장)

김현명 차장님, 직장 내 괴롭힘 심의위원회에서 직장 내 괴롭힘으로 인정했는데, 그에 따른 후속조치는 어떻게 되나요?

김현명(인사팀 차장)

네, 직장 내 괴롭힘으로 인정됨에 따라 피해자 이신고 대리님에게 의견을 청취했는데, 회사 규정에 따른 징계 조치가 이뤄졌으면 좋겠다고 말씀하셨습니다.

유인사(인사팀장)

그럼 피해자 의견까지 들었으므로, 바로 징계위원회 개최 준비를 합시다.

김현명 차장은 직장 내 괴롭힘 심의위원회 결과를 피해자와 행위자에게 통지했다. 또, 행위자의 징계 처분 이전에 피해자인 이신고 대리에게 징계 등 조치에 대한 의견을 청취했다.

행위자에 대해서는 취업규칙에서 정하고 있는 바에 따라 징계위원회를 개최하고, 징계위원회에서 비위행위에 상응하는 징계 처분을 의결하기로 했다.

인사팀의 업무일지

일자	내용
2023.7.3.월 (D+1)	– 사내 이메일로 직장 내 괴롭힘 신고 내용 확인 　(신고자 : 이신고 대리)
	– 신고자와 피신고자가 신고 대상자에 해당하는지 확인 – 인사팀장에게 해당 신고 건에 대한 구두 보고 – 인사팀장은 신고 내용에 대해 대표이사 보고
2023.7.4.화 (D+2)	– 상담일지 작성 – 상담보고서 작성 후, 인사팀장 및 대표이사 보고 – 본인, 인사팀장, 대표이사에 대한 비밀유지서약서 징구
2023.7.5.수 (D+3)	– 신고자에 보호조치 실시(재택근무 실시)
2023.7.6.목 (D+4)	– 약식 조사 실시 – 자문노무사 질의
2023.7.7.금 (D+5)	– 행위자와 합의 진행(거부)
2023.7.10.월 (D+8)	– 신고자의 의사 확인결과 정식 조사 요청
	– 조사 계획 수립
2023.7.12.수 (D+10)	– 조사위원회 구성 완료(내부 1명, 외부 1명)
2023.7.14.금 (D+12)	– 조사위원회 사전회의 – 비밀유지서약서 등 준비 – 조사일정 통보 – 조사대상별 문답서 준비

2023.7.17.월 (D+15)	– 조사대상자별 문답서 준비
2023.7.18.화 (D+16)	– 피신고자 조사 거부 → 조사 거부에 대한 불이익 통보
2023.7.19.수 (D+17)	– 신고자, 참고인 대면조사
2023.7.20.목 (D+18)	– 피신고자 대면조사 – 추가 입증자료 취합 및 공유
2023.7.24.월 (D+22)	– 추가 입증자료 취합 및 공유
2023.7.27.목 (D+25)	– 조사보고서 작성 및 제출
2023.7.28.금 (D+26)	– 직장 내 괴롭힘 심의위원회 구성
2023.8.1.화 (D+30)	– 직장 내 괴롭힘 심의위원회 개최
2023.8.2.수 (D+31)	– 피해자, 행위자에게 결과 통지
2023.8.7.월 (D+36)	– 징계위원회 개최

🗒️ 깊이 알아보기 행위자에 대한 조치_징계

직장 내 괴롭힘 심의위원회에서 신고된 행위가 직장 내 괴롭힘으로 인정되었다면 우선 인사담당자는 피해자와 행위자에게 결과를 통지해야 한다(직장 내 괴롭힘으로 인정되지 않았다고 하더라도 통지해야 한다).

또한, 인사담당자는 다음 단계로 행위자에 대한 조치를 고민해야 한다. 왜냐하면 근로기준법상 회사는 행위자에게 그 책임을 물어 징계 등의 적절한 조치를 취해야 할 의무가 있기 때문이다.

가장 먼저 인사담당자는 직장 내 괴롭힘이 인정된다면 '징계' 처분을 하기 위해 어떠한 절차를 이행할 것인가를 고민해야 할 것이다. 행위자의 비위행위(직장 내 괴롭힘 행위)가 인정되었다면 징계사유에 해당함은 명백할 것이다. 징계 양정은 인사담당자가 아닌 징계위원회에서 최종 결정을 해야 하는 것이므로 인사담당자는 징계절차 다시 말해 징계위원회를 어떻게 운영할지에 대해 중점적으로 고민해야 한다.

다만 취업규칙 등에서 징계절차가 규정되어 있지 않더라도 징계의 공정성 및 객관성 확보를 위해 별도의 의사결정에 따라 징계위원회를 개최해 행위자에게 소명기회까지 부여하는 것이 바람직하다.

1. 징계의 절차
① 징계위원회 개최 전
징계절차에 관해서는 근로기준법 등에 정해진 바는 없다. 일반적으로 징계절차는 각 회사의 상황에 맞춰 취업규칙에서 정하고 있다.

| 예시 |

제O조(징계절차)

① 회사는 징계안건을 심의하고자 할 때는 징계대상자에게 징계위원회 참석을 7일 전에 통보하여야 한다.

② 징계위원회는 의결 전 징계대상자에게 소명할 기회를 부여한다. 징계대상자가 출석을 원하지 않거나 서면진술을 하고자 하는 경우 진술권 포기서 또는 서면진술서를 징구하여 서면심사만으로 징계의결을 할 수 있다.

③ 징계위원회는 징계대상자가 2회에 걸쳐 출석요구에 불응하거나 소명을 거부하는 경우 또는 소명을 포기하는 의사를 표시하는 경우 소명없이 징계 의결을 할 수 있다.

많은 회사들이 상기의 규정과 유사하게 징계 절차에 대해 규정하고 있으며, 이 경우 인사담당자는 반드시 규정된 절차를 모두 이행해야 한다. 만일 이행하지 않거나 절차 일부를 누락할 경우 해당 징계처분은 무효가 되는 만큼 징계 절차의 성실 이행에 만전을 기해야 한다.

인사담당자는 먼저 회사의 취업규칙 등 내부 규정상 징계위원회 구성에 관해 정해진 바가 있는지를 먼저 살펴봐야 한다. 징계위원을 내부위원만으로 구성하는지, 내부위원과 외부위원을 함께 구성하는지, 대표이사나 노동조합 위원장 등 반드시 참여해야 하는 위원이 있는지 등을 살펴보는 것이다.

만일 징계위원회가 내부위원만으로 구성하도록 규정되어 있는 경우, 어떤 직위에 있는 누구로 구성해야 하는지가 명시되어 있다면 그에 따르면 된다. 그렇지 않으면 최대한 공정성을 확보하는 방향으로 구성되어야 할 것이다. 예를 들어 행위자로 지목된 자와 친분이 있는 임원이나 관리책임에서 피할 수 있는 임원이나 직속 관리자 등을 징계위원으로 선임하는 경우, 공정성 시비에서 벗어날 수 없게 된다. 회사 규정에 위원 제척사유가 있다면 그에 따라 선임하면 될 것이다.

최근에는 전문성과 객관성 확보를 위해 외부위원을 포함해서 징계위원회를 구성하는 추세다. 외부위원은 인사 노무 분야에 전문성을 가진 자로 구성해야 하는 만큼 대부분 공인노무사나 변호사 등을 외부위원으로 선임한다.

징계위원회가 구성되었다면 인사담당자는 징계위원회 날짜를 정한 후 징계위원에게 징계위원회 개최 일정을 통보해야 한다. 취업규칙 등에 징계위원에게 징계위원회 개최 통보 일정에 관해 규정되어 있으면 그에 따르면 될 것이다. 규정된 바가 없다면 인사담당자가 융통성 있게 조율하여 통보하면 된다. 이때 징계위원들의 심의안건에 대한 심도 있는 검토를 위해서는 인사담당자가 사전에 안내하는 것이 적절하다. 그러나 너무 이르게 안건을 전달한다면 보안상의 위험도가 높아진다. 따라서 개최 2~3일 전에 보내주는 것이 좋다.

징계위원에게 통보하는 것보다 더 중요한 것이 징계대상자에게 출석 통지를 하는 것이다. 출석 통지 시기에 관해서는 대부분 취업규칙 등 규정에 명시해놓는 것이 일반적이다. 따라서 인사담당자는 규정에 정해진 바에 따라 징계대상자에게 출석통지를 해야 한다. 출석통지는 서면으로 하고, 출석일시뿐만 아니라 징계대상자가 사전에 소명에 대해 준비할 수 있도록 징계사유에 대해서도 간략하게 기재해서 통보한다. 출석통지서는 징계대상자가 수령했다는 사실을 입증할 수 있도록 이메일로 통보하거나(수신확인 필요) 직접 전달해서 수령증을 받아두는 것이 좋다.

출석통지를 받은 징계대상자가 직접 출석을 해서 소명하려는 경우는 인사담당자가 추가적으로 취해야 할 조치는 없다. 그러나 서면으로 소명하고자 하는 경우에는 징계대상자로부터 '서면진술서'를 받아 징계위원에게 심의안건에 대해 안내 시 함께 안내하거나, 징계위원회 당일 징계위원에게 제출해야 한다. 만일 징계대상자가 소명을 포기하는 경우에는 징계대상자로부터 반드시 '진술포기서' 등을 징구해서 향후 분쟁 발생에 대해 대비해야 한다.

인사담당자는 근로기준법에 따라 징계 등의 조치 전 직장 내 괴롭힘 피해 근로자로부터 의견을 청취해야 한다. 다만 피해 근로자의 의견에 구속되는 것은 아니다. 피해 근로자의 의견에 따른 징계처분 등을 반드시 해야 하는 것은 아니고, 징계양정 등을 결정할 때 피해 근로자의 의견은 참고하는 정도면 된다.

💡 원 포인트 One Point

- ☑ 피해 직원의 의견 청취
- ☑ 취업규칙 등 사규상 징계절차 확인
- ☑ 징계대상자에게 반드시 출석 통보

② 징계위원회 개최 및 운영

징계위원회가 개최되면 인사담당자는 개최요건을 충족했는지부터 확인한다. 개최요건은 취업규칙 등 사규에 정한 바가 있으면 그에 따르면 된다. 일반적으로 징계위원 과반수 이상 출석을 개최요건으로 두고 있다.

개최요건이 충족되었으면 '위원장'을 누가 맡는지에 대해서 확인해야 한다. 취업규칙 등 규정에 위원장이 지정되어 있다면 해당자가 위원장을 맡으면 된다. 그러나 징계위원회에서 호선하게 되어 있다면 징계위원회 개최 시 위원들에게 이러한 사항을 안내하고 위원장을 선출해야 한다.

또한 징계위원회의 간사를 누구로 할지에 대해서도 결정해야 한다. 취업규칙 등에 규정되어 있다면 그에 따르고, 규정되어 있지 않다면 통상 인사 관련 부서장이 간사를 맡아 전반적인 회의를 진행하는 것이 일반적이다.

징계위원회를 개최하고, 위원장을 선출했다면 간사는 심의안건을 위원들에게 설명한 후, 위원들이 자유로이 논의하고, 질의응답 할 수 있는 시간을 부여해야 한다. 이때 비위행위에 대한 상세한 설명 등을 위해 직접 조사를 수행한 조사위원이 배석하기도 한다.

위원들의 안건 검토가 완료되었다면, 징계대상자를 출석시켜 소명 기회를 부여해야 한다. 일반적으로는 징계위원들의 질문에 징계대상자가 답하는 방식의 안건에 대한 질의응답을 한 후, 최후 진술로서 징계대상자에게 소명 및 자신의 의견을 피력할 기회를 부여한다.

징계대상자의 소명이 끝나면 징계대상자를 퇴장시키고, 징계위원들의 논의시간을 가진 후 최종 징계의결을 하게 된다. 인사담당자는 사전에 취업규칙 등 사규에 의결요건이 있는지를 확인하고, 그에 따라 의결하면 된다. 일반적으로 과반수 이상의 찬성으로 의결을 하나, 좀 더 엄격하게 의결요건을 두는 곳은 2/3의 찬성을 의결 요건으로 두기도 한다.

징계 의결이 끝나면 인사담당자는 의결된 내용을 작성한 '징계의결서'를 작성해서 참석위원들로부터 서명을 받은 후 공식적으로 징계위원회 종료하면 된다.

원 포인트 One Point

☑ 징계위원회 개최요건 확인
☑ 징계대상자 소명기회 부여
☑ 징계의결서 작성 및 징계위원 서명

③ 징계위원회 결과 통보

인사담당자는 징계위원회가 종료된 후 징계의결 결과에 따라 징계통보서를 작성해 징계대상자에게 최종 통보를 해야 한다.

이때 반드시 징계통보는 서면으로 하고, 징계사유와 징계의 근거를 명확하게 기입해야 한다. 또, 취업규칙 등 사규에 재심의 절차가 있는 경우 반드시 재심의 절차와 기한 등을 안내해서 징계대상자에게 불이익함이 없도록 해야 한다.

징계대상자에게 징계결과를 통보하는 것뿐만 아니라 인사담당자는 직장 내 괴롭힘 피해자와 개별 면담 등을 통해 행위자에 대해 어떠한 징계가 내려졌는지 안내해주는 것도 중요하다. 이는 직장 내 괴롭힘 피해자에 대한 심리적 안정감 제공과 회사의 신뢰감 제고 등에서도 중요한 부분이다.

 원 포인트 One Point

☑ 징계 사유, 근거를 명시해서 서면으로 통보
☑ 직장 내 괴롭힘 피해근로자에게 결과 안내

2. 징계의 양정

징계의 절차 뿐만 아니라 징계의 양정 또한 징계의 정당성을 확보하는 데 굉장히 중요한 부분이다. 징계사유가 존재하고 징계 절차를 모두 이행했다고 한들 징계의 양정이 과하게 되면 '부당 징계'에 해당할 수 있게 되고, 이렇게 된다면 회사는 기존 징계를 취소하고 다시 징계해야 하는 부담이 발생하게 된다.

물론 인사담당자가 징계의 양정을 정하는 것이 아니라 징계위원들이 심의해서 징계의 양정을 결정하는 것이기는 하다. 그러나 인사담당자로서 업무를 수행하기 위해서는 개별 사안에 대한 인사담당자도 나름의 양정에 대한 기준은 가지고 있는 것이 좋을 것이다.

직장 내 괴롭힘에 대한 징계의 양정에 대해 구체적인 기준을 정하고 있는 회사가 있는 반면 징계 사유만 명시하고 있을 뿐 양정에 대해서는 징계위원들의 결정에 모두 맡기고 있는 회사가 있다. 전자의 경우는 그 기준에 따라 양정을 정하면 된다. 후자에 비해 용이한 측면이 있으나, 개별 사안의 특성과 여러 상황을 고려해서 양정을 정하는 데 그 한계가 있을 수밖에 없다.

예시 | 징계양정의 기준을 구체적으로 정하고 있는 경우

비위의 정도 및 과실 여부 / 비위의 유형	비위 정도가 심하고 고의가 있는 경우	비위 정도가 심하고 중과실이거나, 비위 정도가 약하고 고의가 있는 경우	비위 정도가 심하고 경과실이거나, 비위 정도가 약하고 중과실인 경우	비위 정도가 약하고 경과실인 경우
품위유지의 의무 위반 가. 직장 내 성희롱 나. 직장 내 괴롭힘	해고 해고	해고 해고-강등	강등-정직 정직-감봉	감봉-견책 견책

징계 양정의 기준에 관해 법원에서는 "피징계자에게 어떠한 처분을 할 것인가 하는 것은 징계권자의 재량에 맡겨진 것"이라고 하면서 "징계권자가 재량권의 행사로서 한 징계처분이 사회통념상 현저히 타당성을 잃어 징계권자에게 맡겨진 재량권을 남용한 것이라고 인정되는 경우에만 그 처분을 위법하다고 할 수 있고, 그 징계처분이 사회통

념상 현저하게 타당성을 잃어 재량권의 범위를 벗어난 위법한 처분이라 할 수 있으려면 구체적인 사례에 따라 징계의 원인이 된 비위 사실의 내용과 성질, 징계에 의하여 달성하려고 하는 목적, 징계양정의 기준 등 여러 요소를 종합해서 판단할 때 그 징계 내용이 객관적으로 명백히 부당하다고 인정할 수 있어야 한다"고 선고한 바 있다(대법원 2002.8.23. 선고 2000다60890, 69906).

나아가 징계처분을 할 때는 ① 사용자의 사업 목적과 성격, 사업장의 여건, ② 당해 근로자의 지위 및 담당 직무의 내용, ③ 비위행위의 동기와 경위, ④ 이로 인해 기업이 위계질서가 문란하게 될 위험성 등 기업질서에 미칠 영향, ⑤ 과거의 근무태도 등 여러 가지 사정을 종합적으로 검토해 판단해야 한다고 제시하면서, 특히 해고처분에 있어서는 "사회통념상 회사와의 신뢰관계를 반복적으로 훼손한 경우, 근로관계를 계속할 수 없는 중대한 사유가 있어야 한다"고 판단했다(대법원 2002.5.28. 선고 2001두10455).

따라서 인사담당자는 징계위원회 심의안건을 부의할 때 징계위원들이 이러한 사정들을 종합적으로 고려해서 판단할 수 있도록 해야 한다. 이런 점을 부의안 등을 작성할 때 고려해야 할 것이다.

원 포인트 One Point

- ☑ 별도로 정해진 징계양정의 기준이 있는지 확인
- ☑ 징계처분의 정당성 판단기준에 부합되는 부의안 작성

직장 내 괴롭힘을 규제하는 법률이 생긴 지가 얼마 되지 않아 아직 노동위원회의 판정 사례나 법원의 판결 사례가 많이 축적되지는 않은 실정이긴 하지만, 직장 내 괴롭힘을 인정한 사례 중 직장 내 괴롭힘 행위에 대해 어떠한 징계처분이 내려졌는지 살펴보면 다음과 같다.

구분	노동위원회 사례
판정 요지 1	인턴 직원에게 종교를 강요하고, 종교활동 및 자동차 거래 시 폭언을 한 행위에 대해 ① 비위행위가 일회성에 그치지 않은 점, ② 종교활동이라는 사적 영역에서의 갈등이 직장 선후배라는 관계 설정으로 인해 증폭된 측면이 있는 점을 고려하면 행위를 가볍게 평가할 수 없는 점, ③ 인턴 직원에게 괴롭힘 행위를 반복적으로 행해 피해자가 병·휴직 상태에 있으면서 정신적 치료를 받는 점, ④ 근로자가 자신을 변호한다는 명목으로 피해 직원을 비방하는 내용의 탄원서를 제출하는 등 2차 가해에 해당할만한 행위를 서슴지 않는 점 등을 종합해서 정직 3월의 징계처분은 양정이 과하지 않다. (서울지방노동위원회 2022부해1855)
판정 요지 2	① 피해자를 '기린'이라 호칭하고 여직원들을 '미어캣, 오랑우탄' 등으로 언급하고, ② 피해자에게 풀어진 와이셔츠 앞 단추를 잠가달라고 요구했으며, ③ 내방하지 않은 고객을 내방한 것처럼 처리하라고 하는 등 부당한 업무 지시를 하고, ④ 피해자가 거절했음에도 세 차례 참석을 권유해 저녁 식사 자리에 참석하게 함과 아울러 ⑤ 피해자의 얼굴에 담배 연기를 내뿜은 행위를 하고, ⑥ 실적을 언급하면서 직원들에게 수차례 인사발령을 언급한 행위 등에 대해 직장 내 성희롱 및 직장 내 괴롭힘 등 중대성이 인정되고 ⑦ 행위자는 이러한 사실을 부인하는 등 뉘우치는 빛이 없으므로 정직 3월의 징계처분은 적정하다. (서울지방노동위원회 2022부해1657)

판정 요지 3	① 장시간 면담,
	② 비하,
	③ 업무수행 능력 비난 및 위협적·모욕적 폭언,
	④ 타 직원에 대한 부정적 평가로 사회적 관계 형성에 부정적인 영향을 끼친 행위는 지위 또는 관계의 우위를 이용해 업무상 적정 범위를 넘어 직장 내 괴롭힘 행위에 인정되나, 징계감경 규정을 적용하지 않은 점, 사용자가 동일·유사한 징계 사유에 대해 타 근로자보다 과도한 징계를 한 점에 비춰 해임처분은 과도한 처분이다.
	(서울지방노동위원회 2022부해2213)
판정 요지 4	① 의학용어 테스트 성적을 사무실 벽에 붙인 행위와
	② 강제로 자기소개를 시키고
	③ 채용 건강검진 결과를 공개한 행위는
	업무상 필요성이 인정되지 않으며 사회통념상 업무상 적정 범위를 넘었다고 볼 수 있어 직장 내 괴롭힘 행위에 해당해 징계 사유로 인정되나, 행위자가 20년 이상 장기 근속자로서 성실하게 근로해왔고, 과거 징계를 받은 사실이 없는 점, 최근 5년간 징계사례에 비추어 볼 때 정직 3개월의 징계처분은 금품수수 등 반사회적 범죄행위에만 이루어졌던 점을 종합하면 정직 3개월 처분은 양정이 과하다.
	(중앙노동위원회 2022부해1252)

구분	법원 사례
판결 요지	① 부장직위에 있는 사람으로서 소속 부서원들을 지휘·감독하고 평가해야 할 상급자의 지위에 있음에도 지위를 이용해 주로 직급이 낮은 신입이나, 여성 직원들, 비정규직을 상대로 인격권을 침해하는 발언을 했고,
	② 이러한 행위들은 1년 넘은 기간 동안 지속적·반복적으로 이루어져 왔으며,
	③ 특정 직원을 상대로 계속되다가 다시 다른 직원을 상대로 집중적으로 이루어지는 등 의도적으로 행하여진 것 보여지며,
	④ 행위자는 피해직원들에게 용서를 구하거나 잘못을 진지하게 반성하고 성찰하는 태도를 보이지 않고 오히려 감사 과정에서 자신에게 유리한 진술을 하도록 강요하며,
	⑤ 피해를 보고한 직원을 상대로 고발과 비난을 하는 등 중간관리자로서의 역할을 충실이 이행하고 직위에 걸맞은 수준의 책임과 능력을 보이지 않는 바,
	해임처분은 정당하다.
	(서울행정법원 2019.3.29. 선고 2018구합65361)

앞의 사례들에서 살펴보면 직장 내 괴롭힘 행위에 대한 징계처분을 행할 때 징계 대상이 된 비위행위 그 자체 분만 아니라 행위의 반복성, 과거 징계 이력, 개전의 정, 2차 가해 발생 여부 및 회사 내 유사사례의 징계처분 등을 모두 종합하여 정당성을 판단하는 것을 알 수 있다.

직장 내 괴롭힘에 대한 징계처분 외에도 법원에서는 '손해배상 책임'도 인정하면서, 손해배상책임의 요건에 대하여 다음과 같이 판단하고 있다.

구분	법원 사례
판결 요지	직장 내 괴롭힘은 당사자의 관계, 행위가 행해진 장소 및 상황, 행위에 대한 피해자의 반응, 행위의 내용 및 정도, 행위가 지속된 기간 등과 같은 사정을 종합적으로 살펴 판단하되, ① 피해자와 비슷한 처지에 있는 보통의 사람 입장에서 보아 신체적·정신적 고통 또는 근무환경 악화가 발생할 수 있는 행위가 있고, ② 그로 인하여 피해자에게 신체적·정신적 고통 또는 근무환경의 악화라는 실제 결과가 발생하였음이 인정되어야 한다. (수원지방법원 안산지원 2021.1.29. 선고 2020가단68472)

나아가 같은 판결에서 사용자의 보호의무 위반을 이유로 손해배상책임을 인정하기 위해서는 다음의 요소를 고려하여야 한다고 판단했다.

구분	법원 사례
판결 요지	① 피해 사실이 근로자의 업무와 관련성을 가지고 있을 뿐만 아니라 ② 통상 발생할 수 있다고 하는 것이 예측되거나 예측할 수 있는 경우이어야 하고, ③ 그 예측 가능성은 사고가 발생한 때와 장소, 가해자의 분별능력, 가해자의 성행, 가해자와 피해자의 관계 기타 여러 사정을 고려하여 판단한다. (수원지방법원 안산지원 2021.1.29. 선고 2020가단68472)

이와 같은 견지에서 법원은 다음과 같이 사용자 보호의무 위반에 따른 사용자의 손해배상 책임이 있음을 확인한 바 있다.

구분	법원 사례
판결 요지	① 이사가 직장 내에서 빈번한 폭언과 욕설을 해왔고, ② 피해자가 상시적으로 괴로움을 호소하였으며, ③ 회사의 대표이사 역시 이사(행위자)가 근로자들에게 욕설을 잘한다는 점을 인지하고 주의를 주었으며, ④ 임원들이 피해자에게 행한 언행의 내용, 지속기간, 피해자의 반응 등을 종합적으로 살펴볼 때, 직장 내 괴롭힘에 해당하며, ⑤ 회사 역시 이를 충분히 예견할 수 있었던 바, 회사는 보호의무 위반에 따라 피해자가 입은 정신적 손해를 배상할 의무가 있다. (수원지방법원 안산지원 2021.1.29. 선고 2020가단68472)

또, 법원에서는 사용자의 보호의무 위반에 대한 손해배상책임 외에도 행위자에게 직접 손해배상 책임을 부과한 사례도 있다.

구분	법원 사례
판결 요지	팀 내 부서 배치를 변경하면서 기존에 없던 셀(워킹그룹)을 더 추가하여 피해자를 셀장 없이 배치하고, 업무 분장 조정 후 피해자가 실질적인 업무를 담당하지 못하도록 했으며, 자리배치에 있어서도 다른 팀원들과 달리 피해자만 혼자서 따로 앉도록 한 사안에 대해 ① 업무분장 조정 당시 셀장 없이 피해자 1명을 구성원으로 한 셀을 구성해야만 하는 업무상 간절한 필요가 있었다는 점을 인정할 만한 정황이 없는 점, ② 이러한 셀 구성은 기존 팀 구성에 비추어 보더라도 매우 이례적인 것으로 보이는 점, ③ 행위자는 피해자의 셀장 및 다른 팀원들과의 마찰, 업무지시 거부 등을 이유로 업무분장을 조정했다고 주장하나 피해자가 자신의 담당업무를 명백히 거부한 사실을 인정할 만한 증거가 없는 점, ④ 행위자는 업무분장 조정 이전에 피해자에게 이와 같은 이례적인 인사배치에 관해 설명하거나 피해자의 의견수렴이 없었던 점, ⑤ 셀장이 배치되지 않은 피해자로서는 정상적으로 업무를 수행하거나 새로운 업무를 배정받는 데 있어서 상당한 어려움을 겪었을 것으로 보이는 점 등에 비춰볼 때 행위자는 업무분장 조정을 통해 피해자의 정당한 회사 업무수행을 방해했고, 직장 내 괴롭힘 행위를 한 것으로, 이러한 위법한 행위로 피해자가 상당한 정신적 고통을 받았을 것이 명백하므로 민법 제750조의 불법행위에 대한 책임으로서 피해자가 입은 정신적 손해를 배상할 책임이 있다. (서울중앙지방법원 2021.10.8. 선고 2020가단5296577)

22

직장 내 괴롭힘이 인정된 경우, 피해근로자에게 어떤 조치를 취해야 할까?

— □ ×

김현명(인사팀 차장)

박무식 팀장에 대한 조치는 징계위원회에서 결정되었습니다. 이와 별개로 대리님과 박무식 팀장을 분리조치하는 것이 좋을 거 같은데 어떻게 조치되길 원하십니까?

 이신고(영업팀 대리)

저는 지금 하는 업무에 만족하기에 이동하는 것을 원치 않습니다.

김현명(인사팀 차장)

그렇다면 박무식 팀장을 타 부서로 인사 조치하는 것으로 내부 검토해보도록 하겠습니다.

피해자 보호를 위해 행위자의 분리조치가 필요함에 따라 피해자인 이신고 대리의 의사를 반영해 행위자인 박무식 팀장을 타 부서로 인사 조치하기로 결정했다.

🔲 깊이 알아보기 피해근로자 보호 및 행위자의 인사발령

1. 피해근로자 보호

근로기준법에서는 "직장 내 괴롭힘 발생 사실이 확인된 때에는 피해자가 요청하면 근무장소의 변경, 배치전환, 유급휴가 명령 등 적절한 조치를 하여야 한다"라고 규정하고 있다. 즉, 회사는 피해자의 요청에 따라 피해자를 보호하고 회복을 지원해야 할 의무가 있는 것이다.

법에서 예시를 들고 있는 피해자의 보호는 "근무장소의 변경, 배치전환, 유급휴가 명령"인데 "근무장소의 변경"과 "배치전환"의 경우 피해자의 업무 및 근무환경의 변화를 가져오기 때문에 피해자의 요청이 "유급휴가"에 비해 적은 편이다. 그럼에도 불구하고 동료들의 눈초리, 근무장소 트라우마, 업무상 괴롭힘이 발생한 경우 업무에 대한 부담감 등으로 인해 피해자 스스로가 타 부서로 전보 조치를 요구하기도 한다.

이 경우 피해자가 원하는 부서에 T/O가 있어 해당 부서로 전보 조치를 하면 아무런 문제가 없을 것이나, 피해자가 가고자 하는 부서로 피해자를 보내주지 못할 때 인사담당자는 고민에 빠질 수밖에 없다.

특히 '피해자의 요구사항을 들어주지 않는 것이 근로기준법 위반에 해당하지는 않을까?', '불리한 처우를 한 것으로 판단되는 것은 아닐까?'라는 걱정을 하게 된다. 그러나 근로기준법을 들여다보면 피해자가 요청하면 근무장소의 변경, 배치전환 등 적절한 조치를 하라고만 규정되어 있을 뿐이며, 피해자가 요구하는 장소나 부서로 반드시 배치하라는 것은 아니다.

따라서 만일 피해자가 요구하는 부서나 장소로의 배치가 불가능한 경우 피해자에게 배치의 어려움을 설명하고, 피해자와의 협의를 통해 제2, 제3의 부서나 장소로 배치를 할 수도 있다. 회사는 피해자가 원하는 장소나 부서에 반드시 배치해야 할 의무가 없다고 해서 피해자의 요구를 묵살하는 것은 보호조치의 소홀, 불리한 처우에 해당할 수 있다. 그러므로 회사는 피해자의 요구사항을 충분히 청취하고 이를 이행하고자 하는 노력은 필요하다. 최종적으로는 피해자와의 협의를 통해 결정하는 것이 적절하다.

참고로 인사담당자는 피해자가 근무장소의 변경, 배치전환을 요구하는 경우 1지망 뿐만 아니라 2지망, 3지망을 확인해 1지망으로 이동이 어려울 경우 차선책을 마련해놓는 것이 좋다.

직장 내 괴롭힘 처리를 할 때 보호조치로 피해자가 가장 많이 요구하는 것이 "유급휴가"다. 유급휴가를 부여하는 것은 어렵지 않겠지만, 인사담당자가 가장 고민스러워 하는 부분은 도대체 유급휴가를 얼마나 부여해야 하는가? 다시 말해 피해자가 요구하는 기간을 모두 부여해야 하는지 여부일 것이다. 더욱이 근로기준법에서는 유급휴가 부여 기준에 대해서 정한 바가 없어 인사담당자는 더욱 혼란스럽기 마련이다. 피해자의 입장에서는 경제적인 손실 없이 정신적·심리적 회복을 할 수 있기 때문에 장기간을 원할 것이고, 회사의 입장에서는 업무 공백 등으로 장기간 휴가 부여를 하는 것이 부담스러울 것이다.

다시 근로기준법을 살펴보면 "유급휴가 명령 등"의 적절한 조치를 취해야 한다고 규정하고 있으므로, 반드시 유급휴가를 부여해야 하는 것은 아니라고 할 것이다. 따라서 인사담당자는 피해자가 유급휴가를 요구하는 경우 부여 시점의 상황, 예를 들어 행위자와 분리조치가 이루어졌는지, 직장 내 괴롭힘 행위의 강도가 어느 정도인지, 직장 내 괴롭힘 유형에 기반해볼 때 업무수행이 불가능한 것인지 및 피해자의 휴가로 인해 회사의 업무수행에 미칠 영향, 타 근로자 및 부서원에게 미칠 영향 등을 고려할 필요가 있다. 아울러 현재 피해자의 심리적/정신적/육체적 상황(가능하다면 의사의 소견) 등을 종합적으로 고려해서 휴가 부여 여부 및 적정 휴가일수를 결정하면 될 것이다.

상기의 보호 조치 외에도 많은 회사들은 회사 자체적으로 심리상담사를 채용해서 심리회복지원 프로그램이나 심리상담을 진행하기도 하고, 자체 채용이 어려울 경우 외부의 심리상담기관과 협약을 체결해 피해자의 심리회복을 위해 지원을 하기도 한다.

원 포인트 One Point

- ☑ 피해자가 이동을 원할 경우 희망부서를 다중으로 받아 피해자의 의사를 최대한 반영
- ☑ 유급휴가는 분리조치 여부, 업무수행 가능여부 등 심리/정신/육체적 상황을 고려해 적정일수를 부여
- ☑ 심리상담 프로그램을 연계해 심리회복을 지원

2. 행위자의 전보 등 인사발령

근로기준법에서는 직장 내 괴롭힘 발생 사실이 확인되면 지체 없이 행위자에게 징계, 근무장소의 변경 등 필요한 조치를 해야 한다고 규정하고 있다. 즉, 행위자의 근무장소를 변경하는 등의 방법을 통해 피해자와 분리조치를 하라는 의미다. 따라서 많은 회사들이 행위자와 피해자의 분리조치를 위해 행위자에게 타 부서로의 전보 등 인사발령을 명령한다.

전보 등의 인사발령은 사용자의 인사권 행사로 정당성 여부를 판단하는 기준에 대해 대법원에서는 "업무상 필요성"과 "생활상의 불이익"을 비교·형량해서 판단해야 한다. 업무상 필요성이 생활상의 불이익보다 크고, 근로자가 통상 감수해야 할 정도에서 현저히 벗어난 것이 아니라면 정당성을 인정하고 있다.

구분	법원 사례
판결 요지	근로자에 대한 전직이나 전보는 피용자가 제공하여야 할 근로의 종류와 내용 또는 장소 등에 변경을 가져온다는 점에서 피용자에게 불이익한 처분이 될 수 있으나, ① 원칙적으로 인사권자인 사용자의 권한에 속하므로 업무상 필요한 범위 내에서는 사용자는 상당한 재량을 가지며, 그것이 근로기준법에 위반되거나 권리남용에 해당하는지의 여부는 ② 전직처분 등의 업무상 필요성과 전직 등에 따른 근로자의 생활상의 불이익을 비교·형량하여 결정할 것이며, ③ 업무상 필요에 의한 전직 등에 따른 생활상의 불이익이 근로자가 통상 감수하여야 할 정도로 현저하게 벗어난 것이 아니라면 이는 정당한 인사권의 범위 내에 속하는 것으로서 권리남용에 해당하지 않는다. <div align="right">(대법원 1997. 7. 22. 선고 97다18165, 18172)</div>

이러한 견지에서 직장 내 괴롭힘 행위자에게 전보 등 인사발령을 하는 경우, 특별한 사정이 없는 한 한 가해자와 피해자의 분리라는 업무상 필요성은 존재하기에 그에 대한 다툼의 여지는 크지 않으나, 그로 인해 행위자에게 입게 되는 생활상 불이익을 유의깊게 살펴볼 필요가 있다. 가령 행위자를 타 부서로 이동시키면서 급여가 대폭 삭감이 된다거나 과도하게 먼 곳으로 발령을 하는 등의 행위는 "근로자가 통상 감수하여야 할 정도를 벗어난 것"이라고 판단될 여지가 높다.

따라서 인사담당자는 피해자와의 분리를 위해 행위자를 전보조치하는 업무상 필요성 뿐만 아니라 전보조치로 인해 행위자 역시 입게 되는 생활상 불이익이 무엇인지를 두루 살펴 정당성을 확보하는 것에 주의를 기울여야 한다.

실제 사례로 서울지방노동위원회에서는 직장 내 괴롭힘 행위자를 타 지점으로 전보배치한 사례에 대해서 정당성을 인정한 바 있다.

구분	노동위원회 사례
판정 요지	① 지점 이동발령은 인사명령에 해당하므로 징계로 보기가 어렵고, ② 근로자의 비위행위가 직장 내 괴롭힘에 해당하여 근로기준법에 따라 근로자와 피해자를 분리해야 하는 업무상 필요성이 인정되며, ③ 지점이동으로 인하여 근로자가 입은 생활상 불이익이 크지 않으므로 지점 이동발령은 정당하다. (서울지방노동위원회 2022부해 2542)

참고로 전보 등의 인사발령의 정당성 판단에 있어 필수적 요건은 아니지만 업무상 필요성과 생활상 불이익 외 "근로자와 성실한 협의"를 거쳤는지 여부도 판단의 요건 중 하나다. 따라서 인사담당자는 가능하다면 전보 등 인사발령 전 행위자와 면담을 가져 인사명령의 사유를 설명하고 해당자의 의견을 청취하는 절차를 거치는 것이 좋다.

원 포인트 One Point

- ☑ 인사발령의 정당성은 업무상 필요성과 생활상 불이익을 비교해서 판단
- ☑ 인사발령으로 인하여 입게 되는 불이익(ex. 출퇴근거리, 임금 삭감, 승진제한 등) 확인 필요
- ☑ 인사발령 대상자와 성실한 협의 필요

23
직장 내 괴롭힘 처리 시
유의해야 할 점은?

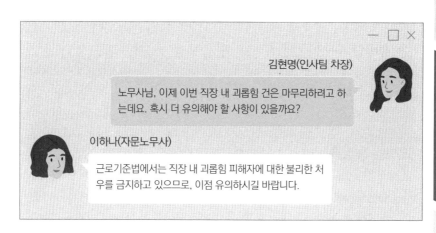

김현명(인사팀 차장)

노무사님, 이제 이번 직장 내 괴롭힘 건은 마무리하려고 하는데요. 혹시 더 유의해야 할 사항이 있을까요?

이하나(자문노무사)

근로기준법에서는 직장 내 괴롭힘 피해자에 대한 불리한 처우를 금지하고 있으므로, 이점 유의하시길 바랍니다.

    김현명 차장은 담당 노무사와의 자문에 따라 피해근로자에 대한 불리한 처우 금지에 대해 인사팀장에게 검토해서 보고했다.

1. 불리한 처우의 금지

직장 내 괴롭힘 금지의 규정을 위반하는 경우 그 처벌은 대부분 행정적 제재인 과태료 처분이다. 그러나 "신고한 근로자 및 피해 근로자 등에게 해고나 그 밖의 불리한 처우를 하는 경우"에는 유일하게 3년 이하의 징역 또는 3,000만 원 이하의 벌금이 부과되는 처벌이 뒤따른다. 즉 피해자 등에게 불리한 처우를 할 때는 엄중히 다스리겠다는 의지가 표현된 것이다.

고용노동부에서는 불리한 처우 여부를 판단하는 기준을 직장 내 성희롱 발생 시 피해근로자 등에 대한 불이익 처우에 해당하는지 여부를 판단하는 기준과 동일하게 처리할 것이라고 제시한 바 있다.

먼저 남녀고용평등과 일가정양립지원에 관한 법률 제14조 제6항에서는 불리한 처우의 예시를 다음과 같이 총 7가지를 들고 있다.

① 파면, 해임, 해고, 그 밖에 신분상실에 해당하는 불이익 조치
② 징계, 정직, 감봉, 강등, 승진 제한 등 부당한 인사조치
③ 직무 미부여, 직무 재배치, 그 밖에 본인의 의사에 반하는 인사조치
④ 성과평가 또는 동료평가 등에서 차별이나 그에 따른 임금 또는 상여금 등의 차별 지급
⑤ 직업능력 개발 및 향상을 위한 교육훈련 기회의 제한
⑥ 집단 따돌림, 폭행 또는 폭언 등 정신적·신체적 손상을 가져오는 행위를 하거나 그 행위의 발생을 방치하는 행위
⑦ 그 밖에 신고를 한 근로자 및 피해근로자 등의 의사에 반하는 불리한 처우

따라서 앞의 예시와 동일 유사한 행위를 직장 내 괴롭힘 피해자 등에게 행하는 경우 '불리한 처우'에 해당하게 된다. 그러나 이러한 행위

를 했다고 무조건 '불리한 처우'에 해당하는 것은 아니다. 그러한 행위를 할 수밖에 없었던 '정당한 사유가 존재하거나', '직장 내 괴롭힘과 무관하다면' 그러한 처우도 가능할 것이다.

그렇다면 해당 조치들이 불리한 처우인지를 어떻게 판단할 것인가의 문제가 발생하게 되는데, 대법원에서는 직장 내 성희롱 피해자에 대한 불리한 조치 여부를 판단하는 기준을 다음과 같이 6가지를 들고 있다.

구분	법원 사례
판결 요지	① 불리한 조치가 직장 내 괴롭힘에 대한 문제제기 등과 근접한 시기에 있었는지 ② 불리한 조치를 한 경위와 과정 ③ 불리한 조치를 하면서 사업주가 내세운 사유가 피해근로자 등의 문제제기 이전부터 존재하였던 것인지 ④ 피해근로자 등이 행위로 인한 타인의 권리나 이익 침해 정도와 불리한 조치로 피해근로자 등이 입은 불이익의 정도 ⑤ 불리한 조치가 종전 관행이나 동종 사안과 비교하여 이례적이거나 차별적인 취급인지 여부 ⑥ 불리한 조치에 대하여 피해근로자 등이 구제신청 등을 한 경우 그 경과 <div align="right">(대법원 2017. 12. 22. 선고, 2016다202947 판결)</div>

따라서 피해자 등에게 인사조치 등이 필요한 경우라 한다면 상기의 내용 등을 종합적으로 고려해서 실시해야 한다.

이에 더해, 법원에서는 직장 내 괴롭힘 피해자에 대한 불리한 처우를 판단할 때에는 피해근로자의 주관적 의사를 가장 중요한 요소로 고려해야 한다고 하면서, 객관적 근무환경이 낫더라도, 전보명령을 함에 있어 피해자로부터 어떠한 의견도 듣지 않았고, 기회도 제공하지 않았으며, 피해근로자의 사정(원거리 출퇴근, 가족부양)이 고려되지 않은 점

등을 볼 때 불리한 처우에 해당한다고 판결한 바 있다.

구분	법원 사례
판결 요지	폭언, 정당한 이유 없이 해고를 빌미로 통화내역서 제출 강요, 사직서 작성 강요 등 회사 상사인 I가 직장에서의 우월적 지위를 이용하여 업무상 적정 범위를 넘어 피해 근로자 H에게 신체적, 정신적 고통을 주거나 근무환경을 악화시킴. 그럼에도 불구하고 인사위원회를 개최하여 H으로 하여금 근무지를 변경하도록 전보명령을 함. ① 이는 H과 아무런 협의 없이 그의 의사에 반하여 이루어진 결정이었고, ② 전보 근무지에서 H의 주거지까지의 거리가 매우 멀어 첫 버스를 타더라도 출근 시간에 도착할 수 없어 사실상 대중교통으로 인한 출근이 불가능하였으며, ③ H의 가족이 간병이 필요한 상황임에도 출퇴근의 어려움으로 인하여 강제로 기숙사 생활을 하여야 하는 등 H에게 불리한 처우였다. 이로써 피고인은 사용자로서 직장 내 괴롭힘 발생 사실을 신고한 피해 근로자 등에게 불리한 처우를 하였다. (청주지법 충주지원 2021.4.6. 선고 2020고단245판결)

또한, 직장내 괴롭힘이 인정되지 않았다 하더라도, 신고자에 대한 사업주의 조치가 피해근로자 등에 대한 '불리한' 조치로서 '위법한' 것인지 여부에 대해 다음과 같이 종합적으로 고려해서 판단했다.

- 그러한 조치가 직장 내 괴롭힘에 대한 문제 제기 등과 근접한 시기에 있었는지, 조치를 한 경위와 과정
- 해당 조치를 하면서 사업주가 내세운 사유가 피해근로자 등의 문제 제기 이전부터 존재하였던 것인지 여부
- 피해근로자 등의 행위로 인한 타인의 권리나 이익 침해 정도와 사업주의 조치로 피해근로자 등이 입은 불이익 정도
- 그러한 조치가 종전 관행이나 동종 사안과 비교하여 이례적이거나 차별적인 취급인지 여부

피고인의 이 사건 전보조치에는 근로기준법 제76조의3 제6항이 적용된다고 봄이 상당하고, 이 사건 전보조치가 사용자인 피고인이 근로기준법 제76조의3에 의한 일련의 절차를 거쳐 직장 내 괴롭힘에 관한 조사를 완료한 이후의 조치라고 하여도 마찬가지라 할 것이다.

① 근로기준법 제76조의 3 제6항은 사용자에 대하여 피해근로자의 해고 그 밖의 불리한 처우를 금지할 뿐, 그 적용 범위나 기간을 제한하거나 사용자의 사실확인 조사 여부에 따라 적용 여부를 달리하는 규정을 두고 있지 않다.

② 이 사건 전보조치는 피해근로자가 직장 내 괴롭힘을 사용자인 피고인에게 신고한 날로부터 약 30일 후에 이루어졌다. 직장 내 괴롭힘에 대한 문제 제기 등과 상당히 근접한 시기다.

③ 설령 이 사건 전보조치를 할 당시 근로기준법 제76조의 3에 의한 일련의 절차가 완료되었고, 그 결과 직장 내 괴롭힘 사실이 없었던 것으로 조사되었다고 하더라도, 그로써 근로기준법에서 규정하고 있는 피해근로자로서의 지위를 곧바로 상실한다고 볼 수는 없다.

사용자의 사실확인 조사가 객관적임을 담보할 제도적 장치가 없을 뿐만 아니라, 은밀하게 이루어지고, 발각되더라도 조직적인 은폐 시도가 빈번한 직장 내 괴롭힘의 특성 등을 고려하면, 위와 같은 해석은 직장 내 괴롭힘 예방과 피해근로자 등을 보호하고자 하는 근로기준법의 목적과는 합치하지 않기 때문이다.

(대법원 2022.7.12. 선고 2022도4925 판결)

 원 포인트 One Point

☑ 피해근로자 등에게 불리한 처우 금지
☑ 인사조치 등이 필요한 경우 시기, 경위, 사유 등 종합적으로 판단해서 접근

4단계 : 사후조치

24
직장 내 괴롭힘 사건 이후, 사후조치 ①
모니터링

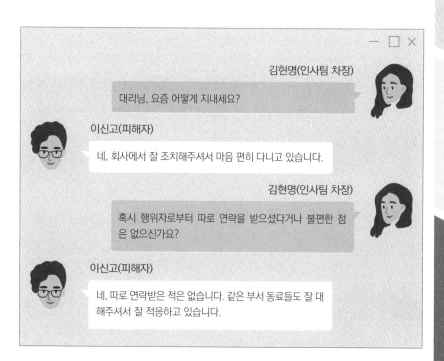

김현명(인사팀 차장)

대리님, 요즘 어떻게 지내세요?

이신고(피해자)

네, 회사에서 잘 조치해주셔서 마음 편히 다니고 있습니다.

김현명(인사팀 차장)

혹시 행위자로부터 따로 연락을 받으셨다거나 불편한 점은 없으신가요?

이신고(피해자)

네, 따로 연락받은 적은 없습니다. 같은 부서 동료들도 잘 대해주셔서 잘 적응하고 있습니다.

155

인사팀 김현명 차장은 사건이 종료된 후 1개월 만에 이신고 대리에게 연락을 했다. 혹시 박무식 부장과 다른 문제가 없었는지 묻자, 다행히 그런 일은 없다고 했다. 이신고 대리는 직장 내 괴롭힘 신고를 할 때만 해도 '이게 잘하는 것일까?' 확신할 수 없었지만, 시간이 흐른 지금 뒤돌아 생각하면 자신의 선택이 옳았다고 했다.

🖳₊ <u>깊이 알아보기</u> 모니터링

고용노동부에서는 직장 내 괴롭힘 사건의 처리가 종결된 후에도 일정 기간은 반기별로 행위자에 의한 직장 내 괴롭힘 재발 여부, 보복 등이 발생하지 않았는지를 살펴보고, 피해자를 지원하도록 권고하고 있다. 즉, 일정 기간에 회사는 행위자가 또다시 괴롭힘 행위를 하는지, 피해자에게 보복행위를 하지 않았는지 뿐만 아니라 피해자가 2차 피해를 보지 않았는지, 피해자가 심리적/정신적으로 회복을 하였는지 등을 주의 깊게 살펴 지원할 필요가 있다.

만일 추가적인 괴롭힘 행위가 적발된다면, 회사는 해당 사실에 대한 조사를 개시하고, 그에 따른 징계처분을 해야 할 것이며, 이 경우에는 가중처벌을 할 수도 있을 것이다.

💡 원 포인트 One Point

☑ 2차 피해, 재발 여부 등 사후 관리 필요

산업재해보상보험법 제37조(업무상의 재해의 기준)에서는 '근로기준법 제76조의 2에 따른 직장 내 괴롭힘, 고객의 폭언 등으로 인한 업무상 정신적 스트레스가 원인이 되어 발생한 질병'에 대해서 업무상 재해로 인정하고 있다.

즉, 직장 내 괴롭힘으로 인해 발생한 정신 질환 등은 업무상 재해로 보겠다는 것인데, 산업재해보상보험법 시행령 별표 3에서는 '바. 업무와 관련하여 정신적 충격을 유발할 수 있는 사건에 의해 발생한 외상후스트레스장애'와 '사. 업무와 관련하여 고객 등으로부터 폭력 또는 폭언 등 정신적 충격을 유발할 수 있는 사건 또는 이와 직접 관련된 스트레스로 인하여 발생한 적응장애 또는 우울병 에피소드'를 그 유형으로 들고 있다.

또, 근로복지공단의 '정신질병 업무관련성 조사 지침(2021.1.13.)'에서는 우울 에피소드, 불안장애, 적응장애, 외상후 스트레스 장애와 급성 스트레스 반응, 자해행위 및 자살, 수면장애를 대표적인 정신질병으로 제시하고 있다. 직장 내 괴롭힘 등 업무와의 인과관계가 확인되면 업무상 재해로 인정하고 있다.

따라서 직장 내 괴롭힘 피해자가 직장 내 괴롭힘으로 인해 우울증 등 정신질환을 얻게 되었다거나 악화되어 자해행위 및 자살을 하게 된다면, 피해자는 근로복지공단에 업무상 재해 신청을 할 수 있다. 업무상 재해로 승인을 받을 경우에는 요양급여, 휴업급여, 유족급여 등을 받을 수 있다.

이때 회사는 산업재해보상보험법 제116조(사업주 등의 조력)에 따라 조력의 의무가 발생한다. 구체적으로 근로자가 보험급여의 청구 등의 절차를 행하기 곤란할 때는 회사는 이를 도와주어야 하며, 근로복지공단이 요구하면 필요한 자료를 제출해야 한다.

따라서 인사담당자는 직장 내 괴롭힘 신고에 대한 조사 결과 직장 내 괴롭힘이 인정되고, 피해자가 그로 인해 정신질환 등을 얻게 되어 산업재해보상보험법상의 보험급여를 청구하게 된다면 이에 조력할 의무가 있음을 인지할 필요가 있다.

산업재해보상보험법

제116조(사업주 등의 조력)

① 보험급여를 받을 사람이 사고로 보험급여의 청구 등의 절차를 행하기 곤란하면 사업주는 이를 도와야 한다.

② 사업주는 보험급여를 받을 사람이 보험급여를 받는 데에 필요한 증명을 요구하면 그 증명을 하여야 한다.

④ 제91조의 15 제2호에 따른 플랫폼 종사자는 보험급여를 받기 위하여 필요한 경우 노무제공 내용, 노무대가 및 시간에 관한 자료 또는 이와 관련된 정보의 제공을 제91조의 15 제3호에 따른 플랫폼 운영자에게 요청할 수 있다. 이 경우 요청을 받은 플랫폼 운영자는 특별한 사유가 없으면 해당 자료 또는 정보를 제공하여야 한다.

| 참고 | 구직급여 수급

직장 내 괴롭힘 피해자가 직장 내 괴롭힘으로 인해 더 이상 회사에서 근무하는 것이 어렵다고 여겨져 퇴사하는 경우가 발생한다. 일반적으로 근로자가 스스로 더 이상 회사에 근무할 수 없어 '자발적 퇴사' 및 '개인사정에 의한 퇴사'를 하는 경우 통상 실업급여라고 말하는 구직급여를 수급받지 못하게 된다.

그렇다면 직장 내 괴롭힘 피해자가 트라우마 또는 회사 생활의 어려움으로 인해 사직하는 경우 이를 자발적 퇴사 및 개인사정에 의한 퇴사로 봐야 할까가 문제가 된다. 피해자 사직의 근본적인 이유는 직장 내 괴롭힘에 있기 때문이다.

이러한 사례의 피해를 방지하고자 고용보험법 시행규칙 별표 2 '근로자의 수급자격이 제한되지 아니한 정당한 이직 사유'로 '3의 2. 근로기준법 제76조의 2에 따른 직장 내 괴롭힘을 당한 경우'를 명시하고 있다. 직장 내 괴롭힘 피해자가 직장 내 괴롭힘으로 인해 자발적 의사로 사직하더라도 구직급여(실업급여)를 수급받을 수 있도록 했다.

이때 많은 근로자와 인사담당자들이 오해하는 경우 단순히 사직사유가 '직장 내 괴롭힘'이면 구직급여를 수급할 수 있다고 생각하는 것이다. 그러나 고용지원센터는 회사 또는 근로자가 사직 사유를 '직장 내 괴롭힘'이라 한다고 하더라도 곧장 구직급여 수급자격을 인정하지 않고 그에 대한 증빙을 요구해서 사실관계 유무를 확인한다. 일반적으로 고용지원센터는 회사 또는 근로자에게 '직장 내 괴롭힘 조사보고서' 또는 고용노동부에서 처리한 '직장 내 괴롭힘 처리 결과서'를 요구한다. 이러한 자료가 없다면, 직장 내 괴롭힘 행위자에게 행한 징계처분통지서나 회사의 사실확인서 등을 제출해야 한다.

문제는 근로자가 퇴사하면서 '직장 내 괴롭힘'을 퇴사사유로 사직서를 제출했을 때다. 근로기준법 제76조의 3(직장 내 괴롭힘 발생 시 조치) 제2항에서는 사용자는 신고를 접수하거나 직장 내 괴롭힘 발생 사실을 인지한 경우에는 지체 없이 조사를 하도록 의무화하고 있다. 그러므로 인사담당자는 그러한 사직서를 받게 되었다면 지체 없이 조사를 개시해 직장 내 괴롭힘 발생 여부를 판단해야 한다. 그 결과에 따라 고용지원센터에서 자료요청을 하게 되면 자료 제출을 해야 한다.

25

직장 내 괴롭힘 사건 이후, 사후조치 ②
재발방지 대책

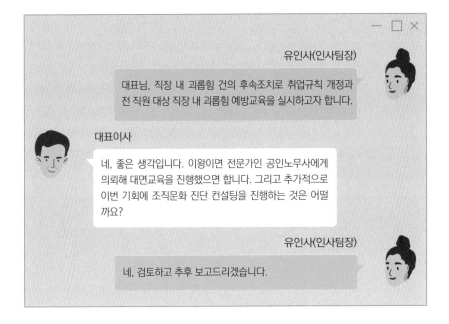

유인사(인사팀장)

대표님, 직장 내 괴롭힘 건의 후속조치로 취업규칙 개정과 전 직원 대상 직장 내 괴롭힘 예방교육을 실시하고자 합니다.

대표이사

네, 좋은 생각입니다. 이왕이면 전문가인 공인노무사에게 의뢰해 대면교육을 진행했으면 합니다. 그리고 추가적으로 이번 기회에 조직문화 진단 컨설팅을 진행하는 것은 어떨 까요?

유인사(인사팀장)

네, 검토하고 추후 보고드리겠습니다.

탄탄산업은 인사팀 주관하에 전 직원 대상 직장 내 괴롭힘 예방교육을 실시했다. 이와 함께 직장 내 괴롭힘 예방 및 처리 절차를 담은 취업규칙 개정, 조직문화 진단 컨설팅을 진행했다.

📋 깊이 알아보기 재발방지 대책

1. 직장 내 괴롭힘 예방교육

회사 및 인사담당자가 많이들 착각하는 부분이 직장 내 성희롱 예방교육과 같이 매년 의무적으로 시행해야 하는 법정 교육이라 생각하는 것이다. 그러나 근로기준법에서는 직장 내 괴롭힘 예방교육을 의무화로 규정하고 있지 않으며(관련 규정 자체가 없다.) 단지 고용노동부에서 직장 내 괴롭힘 예방활동의 일환으로 직장 내 괴롭힘 예방교육을 1년에 1회 이상 실시하도록 권고하고 있을 뿐이다.

비록 고용노동부에서 직장 내 괴롭힘 예방교육을 의무화하지 않더라도 회사는 직원들의 의식 변화와 조직문화 개선을 위해 직장 내 괴롭힘 예방을 위해 교육을 실시하는 것이 바람직할 것이다. 특히, 직장 내 괴롭힘 발생에 따른 손해배상 청구 등에서 회사의 관리책임도 배제할 수 없기에 회사는 더욱더 예방교육을 비롯한 예방활동에 힘써야 할 것이다.

회사는 예방활동의 일환으로 취업규칙 등 내부 규정에 '직장 내 괴롭힘 예방교육'을 의무화하기도 한다. 만일 규정에 의무화했다면 이는 반드시 따라야 하므로 매년 예방교육을 실시해야 한다. 따라서 인사담당자는 취업규칙 등 내부규정을 제정 및 개정할 때 이러한 사실을 인지하고 회사 사정에 맞게끔 규정을 제정 및 개정할 필요가 있다.

고용노동부에서는 직장 내 괴롭힘 예방교육의 내용으로 ① 직장 내 괴롭힘의 정의 ② 직장 내 괴롭힘 행위의 유형 및 사례 ③ 근로자의 권리와 ④ 괴롭힘 목격 시 목격자의 역할, ⑤ 직장 내 괴롭힘의 원인과 피해, ⑥ 신고 등을 위한 소통 창구, ⑦ 괴롭힘 발생 시 피해자가 할 수 있는 조치, ⑧ 신고 접수 시 관리자와 담당자가 할 수 있는 조치, ⑨ 직장 내 괴롭힘 대응 절차 등을 제시하고 있다.

또한 효과적인 교육을 위해 관리자와 직원을 분리해서 교육하는 것이 좋다. 왜냐하면 관리자는 직장 내 괴롭힘 피해 처리 절차 및 사내 직장 내 괴롭힘 예방활동에 대한 사항에 초점을 맞추어야 할 것이다. 한편 직원은 직장 내 괴롭힘 예방활동 뿐만 아니라 직장 내 괴롭힘 발생 시 대처방안이나 신고절차, 목격 시 대응방법 등에 초점을 맞춰 교육을 진행하는 것이 적절하기 때문이다.

인사담당자는 직장 내 괴롭힘 예방활동의 일환으로, 그리고 직장 내 괴롭힘이 발생해서 회사의 조직문화의 개선과 직원들의 의식 변화 등을 위해 예방교육을 해야 한다. 관리자와 직원들을 대상으로 직장 내 예방교육을 실시해서 직장 내 괴롭힘 예방 및 재발 방지를 위한 조치를 취해야 할 것이다.

다만 산업안전보건법상 안전보건교육 의무가 있는 사업장이라면, '정기 및 채용 시, 작업내용 변경 시 직장 내 괴롭힘, 고객의 폭언 등으로 인한 건강장해 예방 및 관리에 관한 사항'도 교육해야 한다(산업안전보건법 시행규칙 별표 5).

2. 직장 내 괴롭힘 실태조사 및 조직문화 진단

회사 내 조직문화를 진단하고, 조직 내 직장 내 괴롭힘 실태를 파악하기 위한 조사는 직장 내 괴롭힘 발생 예방 조치로 더욱 중요하다. 물론 직장 내 괴롭힘 발생 후 추가적인 괴롭힘 발생 방지와 조직구성원들의 인식 수준, 대책 마련을 위한 실태조사도 필요하다.

직장 내 괴롭힘 실태조사 및 조직문화 진단은 크게 ① 조직문화 점검(회사·조직·상사·동료 만족도, 업무만족도, 의사소통 체계, 업무수행 및 지시 명령 방식 등), ② 인식 조사(구성원들의 평소 생각, 언행, 태도 등), ③ 직장 내 괴롭힘 실태 파악(피해 여부, 목격 여부, 유형, 발생시기, 대처방법 등), ④ 직장 내 괴롭힘 처리 절차에 대한 신뢰 등의 내용으로 구성한다.

이러한 조사 결과에 따라 조직 및 구성원들 간의 잠재된 위험요인을 발굴하고 개선해서 직장 내 괴롭힘 발생을 예방하고, 직장 내 괴롭힘 처리 절차를 정비해 구성원들의 신뢰도를 확보하는 데 활용할 수 있다.

또한, 직장 내 괴롭힘 실태조사 결과 직장 내 괴롭힘 발생 사실을 인지하게 되면 즉각 피해자와 면담을 실시한 후 그에 따라 직장 내 괴롭힘 조사를 하고 징계 등 후속 조치를 이행해야 할 것이다.

3. 직장 내 괴롭힘 전담자 및 전담부서 설치

대부분 회사에서는 직장 내 괴롭힘 신고를 받고, 조사를 실시해 행위자를 조치하는 일련의 절차를 감사부서나 인사부서에서 담당하고 있다. 직장 내 괴롭힘 처리 절차를 좀 더 세분화 한 회사의 경우에는 고충처리위원이나 노동조합이 직장 내 괴롭힘 신고를 받는다. 조사는 감사부서에서 담당하고, 징계 등 후속 조치는 인사부서에서 하기도 한다.

한 부서에서 직장 내 괴롭힘의 신고에서부터 후속 조치까지 모두 진행하는 경우 피해자의 면담이나 조사, 후속 조치까지의 과정이 일관되게 이어질 수 있다는 장점이 있다. 하지만 해당 부서는 본래의 업무(감사업무나 인사업무)를 수행하면서 직장 내 괴롭힘 관련 업무를 함께 수행해야 하고, 인사담당자가 조사를 시행하거나 감사 담당자가 상담 및 후속 조치를 하는 등 각 담당자의 본연 업무보다 전문성이 떨어진다는 단점이 있다.

반면 상담, 조사, 후속 조치를 각 부서에서 수행하는 경우는 단계별로 전문성을 확보할 수 있다. 그러나 피해자로서는 상담, 조사, 후속 조치 과정에서 반복해서 사실관계를 진술해야 하는 등의 피로감이 발생할 수 있다. 또한 각각의 단계에서 일관된 태도 및 방향성을 지니기 어려울 수도 있다.

따라서 직장 내 괴롭힘 발생 시 상담부터 조사, 후속 조치 등 일련의 절차를 수행하면서 전문성을 확보하고 전 단계에 걸쳐 일관된 태도와 방향성을 지녀 직장 내 괴롭힘 피해자와 회사의 구성원들로부터 신뢰를 확보하기 위해서는 직장 내 괴롭힘 전담부서를 신설하는 것이 좋다.

전담부서는 특정 본부 등의 산하로 조직되기보다는 대표이사의 직속 부서로 설치해 부서의 위상을 높여주는 것이 좋다. 그러면 직장 내 괴롭힘 예방과 근절, 그리고 발생 시 강력한 대응을 하겠다는 회사와 대표이사의 의지를 표출하는 것이 회사의 구성원들로부터 신뢰를 얻을 수 있을 것이다.

참고로 전담부서를 설치하는 경우 직장 내 괴롭힘 뿐만 아니라 직장 내 성희롱까지 함께 업무를 담당하는 경우가 많다.

4. CEO 메시지, 행동강령 선포

앞서 언급했듯 직장 내 괴롭힘을 예방하고, 직장 내 괴롭힘 발생 시 강력하게 처벌하겠다는 대표이사(CEO)의 강력한 의지를 구성원들에게 인지시켜주는 것이 필요하다. 따라서 근절과 강력한 처벌의 내용을 담은 취업규칙 등 사규 제정 및 개정과 더불어 사내 행동강령을 마련해서 구성원들에게 이행을 촉구한다. 정기적인 CEO 메시지를 전사적으로 전달해서 구성원들의 경각심을 고취해야 한다.

> **원 포인트 One Point**
>
> ☑ 재발 방지 대책
> - 직장 내 괴롭힘 예방교육
> - 직장 내 괴롭힘 실태조사 및 조직문화 진단
> - 직장 내 괴롭힘 전담자 및 전담부서 설치
> - CEO 메시지, 행동강령 선포

에필로그

 이 책을 통해 직장 내 괴롭힘에 대한 대응 솔루션을 제시하는 데에 우리 저자들의 경험과 노하우를 모두 담았다.

 우리 저자들은 이 책을 집필하면서, 직장 내 괴롭힘이 조직과 개인에 미치는 영향을 깊이 이해하고, 그에 대한 효과적인 대응 방법을 제시하고자 했다.

 저자로서의 경험과 전문 지식을 바탕으로, 이 책은 실제 상황에서 직면할 수 있는 다양한 도전과 고민에 대한 해결책을 제시한다. 직장 내 괴롭힘은 그 피해자뿐만 아니라 전체 조직에 부정적인 영향을 미칠 수 있는 심각한 문제다. 따라서 우리 저자들은 문제에 대한 인식을 높이고, 대응 능력을 향상시킬 수 있는 도구로서 이 책을 집필했다.

이 책은 여러 측면에서 독창적으로 구성되었다. 우선, 스토리 기반의 구성을 통해 일반 독자들에게도 친숙한 방식으로 내용을 전달하고자 노력했다. 또한, 실제 사건에 대한 실무적인 대응 방법을 제시해서 현장에서 도움이 될 수 있도록 했다.

마지막으로, 이 책이 독자분들에게 직장 내 괴롭힘에 대한 인식을 높이고, 효과적인 대응 방법을 제공함으로써 서로 배려하고 존중하는 조직문화를 형성하는 데 도움이 되길 기대한다.

"이 책을 통해 더욱 건강하고 존경받는 직장 문화가 확립되어, 모든 직장이 편안하고 안전한 곳이 되기를 기대합니다. 감사합니다."

공인노무사 **문소연, 이하나, 한선희**

| 부록 | 관련 서식

▶ 등록인 정보

. 성명		. 생년월일	
. 주소			
. 전화번호		. 핸드폰번호	
. 이메일			
수신 여부 확인	○ 예　　○ 아니오 민원신청 처리상황을 문자메시지(SMS), E-mail 통해 정보를 제공받으실 수 있습니다.		

. 회사명		
. 회사주소 (실근무장소)		
. 회사전화번호		근로자 수

▶ 진정 내용

입사일		퇴사일	
발생일		발생장소	
행위자		목격자	
제목			
내용 (별지 기재 가능)			
사업주의 괴롭힘 가해자에 대한 조치사항			
사업주의 괴롭힘 피해자에 대한 불이익 조치사항			

○○지방고용노동청(○○지청)

수신자

제 목

　　1. 근로기준법 제76조의 3에 따라 사용자는 직장 내 괴롭힘 신고를 접수하거나 발생사실을 알게 된 경우 조사 실시 및 행위자(가해자), 피해근로자등에 대하여 적절한 조치를 취해야 합니다.

　　2. 진정인 ○○○*이 위와 같이 직장 내 괴롭힘을 당하였다고 진정을 제기하였으므로, 근로기준법 제76조의 3에 따라 아래와 같이 개선지도하니, 개선지도 내용을 이행하고 결과를 '○○.○.○. 까지 우리 지청에 보고하여 주시기 바랍니다.

　　① 진정인의 직장 내 괴롭힘 피해 내용에 대한 조사 실시

　　　- 조사 기간 동안 피해근로자 등을 보호하기 위하여 필요한 경우 근무장소의 변경, 유급휴가 명령 등 적절한 조치 실시

　　　* 피해근로자등의 의사에 반하는 조치를 하여서는 아니 됨

　　② (직장 내 괴롭힘이 확인된 경우) 피해근로자가 요청하면 근무장소의 변경, 배치전환, 유급휴가 명령 등 적절한 조치 실시

　　③ (직장 내 괴롭힘이 확인된 경우) 행위자에 대하여 지체 없이 징계, 근무장소의 변경 등 필요한 조치 실시

　　　* 사용자는 징계 등의 조치를 하기 전에 그 조치에 대하여 피해근로자의 의견을 들어야 함. 끝.

○○지방노동청(○○지청)장 　[직인]

기안자(직위/직급)　서명　검토자(직위/직급)　서명　결재자(직위/직급)　서명
협조자(직위/직급)　서명
시행　처리과-일련번호(시행일자)　접수　처리과명-일련번호(접수일자)
우　주소　/홈페이지 주소
전화(　)　전송(　)　/ 공무원의 공식 전자우편주소 / 공개 구분

210mm×297mm(일반용지 60g/㎡(재활용품))

직장 내 괴롭힘 상담일지

신고인	부서		이름	
	연락처		메일	
	피해자와 관계	□ 본인 □ 제3자		

피해자	이름		성별	
	소속		직급	
행위자	이름		성별	
	소속		직급	

사건 내용	일시	20 . . . 시간 (지속/반복 여부)
	장소	
	※ 행위자와 피해자의 관계(업무분장, 행위자의 사건인식 등) 발생경위와 상황, 괴롭힘에 해당한다고 주장하는 구체적인 내용 목격자 등 참고인 유무 관련 입증자료 유무	
요구사항	□ 행위자와 분리만 희망 □ 행위자와 합의 희망(사과, 재발방지 약속 등) □ 조사 신청 희망	
비고		

직장 내 괴롭힘 상담보고서

1. 상담자 인적사항

부서		직급	
이름			

2. 상담 개요

신청경위			
상담시간		상담장소	

3. 상담 요지

(1) 행위자 및 행위자와의 관계

(2) 사건 발생 장소 및 시간

(3) 구체적인 행위내용

(4) 피해정도

(5) 입증자료

4. 신고자 요구사항

5. 조치사항

직장 내 괴롭힘 행위에 재발방지 약속

부서		직급	
이름			

1. 상기 본인은 20 . . .,   에서 피해자에게 행한 행위가 직장 내 괴롭힘에 해당함을 인정하고 반성합니다. 앞으로 이 같은 직장 내 괴롭힘 행위가 발생하지 않도록 20 . . .까지 직장 내 괴롭힘 예방교육을 이수하고 이 같은 행위가 번복되지 않도록 최선을 다할 것을 다짐하고 약속합니다.

2. 근로기준법 제76조의 3(직장 내 괴롭힘 발생 시 조치) 및 취업규칙 제○○조에 따라 피해자의 의사에 반하여 해당 사건과 관련된 일체의 정보를 누설하거나 제공하는 것은 과태료 부과 및 징계 사항임을 확인하며, 이 같은 일이 발생하지 않도록 비밀을 유지할 것을 다짐합니다.

3. 이에 더하여 회사에서 지시하는 상담 및 리더십 교육에 성실히 임할 것이며, 앞으로 상호 존중의 조직문화 형성을 위해 노력하겠습니다.

년   월   일

피신고인   (서명/인)

직장 내 괴롭힘 약식보고서

1. 신고자(피해자)

부서		직급	
이름			

2. 행위자

부서		직급	
이름			

3. 사건의 경위 및 입증자료

4. 직장 내 괴롭힘 판단
   (1) 우위성 : 피해자와 행위자의 관계
   (2) 적정범위를 넘는지
   (3) 피해정도

5. 신고자 요청사항

위 임 장

성명		생년월일	
소속		자격	
주소/사업장소재지			

　　상기 피위임인에게 20　　.　　.　　.부터 20　　.　　.　　.까지 실시하는 ㈜○○○의 직장 내 괴롭힘 조사와 관련하여 다음의 사항을 위임합니다.

< 다 음 >

○ 조사 대상자 선정
○ 피해자, 참고인, 행위자 대면조사
○ 입증자료를 수집·검증
○ 조사보고서 작성

년　　월　　일

㈜○○○
경기도 탄탄대로 평화마을
대표 홍 길 동

직장 내 괴롭힘 조사 출석 통지서

1. 본 조사위원회는 직장 내 괴롭힘 사건의 신고를 접수하여 이를 조사하고자 합니다.

2. 사건의 공정한 조사를 위하여 귀하의 진술을 듣고자 하오니 출석하여주시기 바랍니다.
   - 출석일시 :　　　년　　월　　일　　○○ : ○○
   - 출석장소 :

3. 지정한 일시 및 장소에 출석할 수 없는 사유가 있을 경우에는 필히 사전 고지를 한 후, 가능한 일시 및 장소로 변경해야 합니다.

4. 조사 과정에 참여한 사람은 조사과정에서 알게 된 비밀을 다른 사람에게 누설해서는 안 됩니다. 비밀을 누설하는 경우 근로기준법 제76조의 3 제7항에 따라 500만 원 이하 과태료에 부과될 수 있으며, 당사 취업규칙 제○조에 따라 징계될 수 있음을 알려드립니다.

㈜○○○ 직장 내 괴롭힘 조사위원회 위원장

비밀유지서약서(조사위원, 참고인용)

소속		연락처	
이름			

본인은 ㈜〇〇〇 직장 내 괴롭힘 (조사위원회 위원, 참고인)으로서 20 년   월   일에 신고된 직장 내 괴롭힘 사건에 대하여 근로기준법 제76조의 3 제7항 및 「〇〇〇〇〇 직장 내 괴롭힘 처리지침」 제〇조에 따라 사건 당사자의 신상을 포함하여 사건과 관련된 일체의 정보에 대해 비밀을 유지할 것을 서약합니다.

년   월   일

조사위원/참고인　　　　　　　(서명 또는 인)

㈜〇〇〇 직장 내 괴롭힘 조사위원회 귀중

비밀유지서약서(피신고인용)

소속		연락처	
이름			

본인은 피신고인으로서 아래의 사항을 지킬 것을 서약합니다.

1. 근로기준법 제76조의 3 제7항 및 「○○○○○ 직장 내 괴롭힘 처리지침」 제○조에 따라 사건 당사자의 신상을 포함하여 사건과 관련된 일체의 정보에 대한 비밀 유지
2. 조사기간 중 신고인 및 참고인에 대한 사적 접촉이나 불이익한 조치 금지

년 월 일

피신고인 (서명 또는 인)

㈜○○○ **직장 내 괴롭힘 조사위원회 귀중**

진술의 녹음 동의서

사 건 명 :

진 술 자 :   성명   생년월일

주소   연락처

위 사건에 관하여 20   .   .   .   에서 이루어지는 본인의 진술에 대한
녹음에 동의합니다.

년   월   일

진 술 인   (서명 또는 인)

㈜○○○ 직장 내 괴롭힘 조사위원회 귀중

질의답변 진술서

조사개요	일시		장소	
조사대상	이름		소속	
조사위원	이름		소속	

Q) 언제, 어디에서 있었던 일인가요?

Q) 그 자리에 있었던 사람은 누구인가요?

Q) 당시 상황을 구체적으로 이야기해주세요.

Q) 입증자료가 있나요?

Q) 추가로 하고 싶은 말이 있나요?

20 . . .

□ 신고인 □ 참고인 □ 피신고인

(서명)

조사보고서

I. 당사자
  1. 신고인
  2. 피신고인

II. 조사개요
  1. 조사경위
  2. 조사대상 및 기간, 방법
  3. 조사목적

III. 조사위원회 판단
  1. 직장 내 괴롭힘 판단요소
  2. 사안별 검토

IV. 결어
  1. 사안별 판단 요약
  2. 피신고인에 대한 조치

조사결과 통지서

신고인		신고일자	
조사과정			
조치결과 및 조치사항			

위와 같이 신고인 ○○○에게 통지합니다.

20　년　월　일

㈜○○○

경기도 탄탄대로 평화마을

대표 홍 길 동　　　(인)

심의위원회 회의록

회의명			
일시		장소	
참석위원			
안건			
심의내용			

출석통지서

인적사항	① 성명	한글		② 소속	
		한자		③ 직위(급)	
	④ 주소				
⑤ 출석이유					
⑥ 출석일시		년 월 일 시 분			
⑦ 출석장소					
유의사항	1. 진술을 위한 출석을 원하지 아니할 때에는 아래의 진술권 포기서를 즉시 제출할 것. 2. 사정에 의하여 서면진술을 하고자 할 때에는 징계위원회 개최일 전 일까지 도착하도록 진술서를 제출할 것. 3. 정당한 사유서를 제출하지 아니하고 지정된 일시에 출석하지 아니하고, 서면진술서를 제출하지 아니하는 경우에는 진술할 의사가 없는 것으로 인정.처리한다.				

취업규칙 제60조의 규정에 의하여 위와 같이 귀하의 출석을 통지합니다.

년   월   일

인사위원회 위원장   (직인)

귀하

-- 절취선 --

진술권포기서

인적사항	① 성명	한글		② 소속	
		한자		③ 직위(급)	
	④ 주소				

본인은 귀 인사위원회에 출석하여 진술하는 것을 포기합니다.

년   월   일

성명   (인)

인사위원회 위원장 귀하

서면진술서

소속		직위(급)		
성명		제출기일	년 월 일	
사 건 명				
불참 사유				

진술 내용

취업규칙 제60조의 규정에 의거 위와 같이 서면으로 진술하오며 만약 위 진술 내용이 사실과 상이한 경우에는 여하한 처벌도 감수하겠습니다.

년   월   일

성명   (인)

인사위원회 위원장   귀하

징계의결서

인적사항	소속	직급	성명
의결주문			
이유	(징계의 원인이 된 사실, 증거의 판단과 관계규정을 기재)		

　　　　　　　년　　　월　　　일

　　　인사위원회

　　　　　　　　　　　　　　위원장　　　　　　(인)

　　　　　　　　　　　　　　위원　　　　　　(인)

　　　　　　　　　　　　　　위원　　　　　　(인)

　　　　　　　　　　　　　　위원　　　　　　(인)

　　　　　　　　　　　　　　위원　　　　　　(인)

　　　　　　　　　　　　　　위원　　　　　　(인)

　　　　　　　　　　　　　　간사　　　　　　(인)

징계처분사유설명서

① 소속	② 직위(급)	③ 성명

④ 주문	
⑤ 이유	별첨 징계의결서 사본과 같음.

위와 같이 처분하였음을 통지합니다.

　　　　　　　　　　　　　　　　　　　　　　　년　　　　월　　　　일

　　　　　처분권자(처분제청권자)　　　　　　　　　　(직인)

　　　귀하

참고 : 이 처분에 대한 불복이 있을 때에는 취업규칙 제62조에 의하여 이 설명서를 받은 날로부터 7일 이내에 인사위원회에 재심을 청구할 수 있습니다.

17년 차 노무사들이 알려주는

중소기업을 위한 직장 내 괴롭힘 대응 솔루션

제1판 1쇄 2024년 4월 10일

지은이 문소연, 이하나, 한선희
펴낸이 한성주
펴낸곳 ㈜두드림미디어
책임편집 이향선
디자인 디자인 뜰채 apexmino@hanmail.net

㈜두드림미디어
등   록 2015년 3월 25일(제2022-000009호)
주   소 서울시 강서구 공항대로 219, 620호, 621호
전   화 02)333-3577
팩   스 02)6455-3477
이메일 dodreamedia@naver.com(원고 투고 및 출판 관련 문의)
카   페 https://cafe.naver.com/dodreamedia

ISBN 979-11-93210-62-8 (03320)